3 岁前是孩子学习、成长的关键期，这个时候的教育、学习决定其一生

What Dr. Montessori Knows, and You Don't

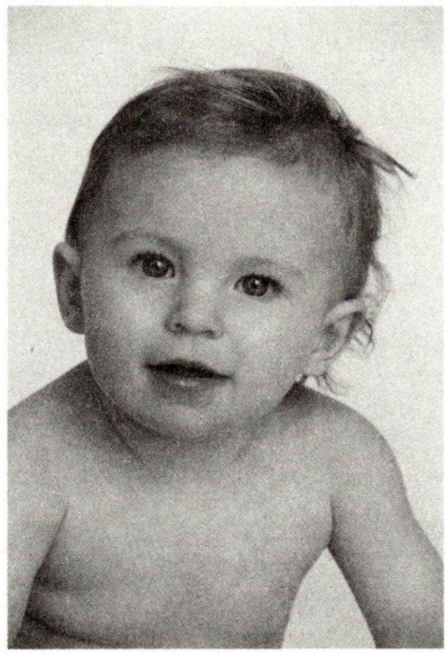

3岁决定孩子的一生

⑥ 0～3岁高智商开发与潜能训练

《3岁决定孩子的一生》编委会　李铁君/编著

朝華出版社

图书在版编目（CIP）数据

0～3岁高智商开发与潜能训练/李铁君编著. —北京：朝华出版社，2008.5

（3岁决定孩子的一生）

ISBN 978-7-5054-1899-8

Ⅰ.0… Ⅱ.李… Ⅲ.婴幼儿-智力开发 Ⅳ.G610

中国版本图书馆CIP数据核字（2008）第061788号

《3岁决定孩子的一生——0～3岁高智商开发与潜能训练》

作　　者　李铁君

责任编辑　王　磊
特约编辑　王　剑
责任印制　张文东
封面设计　艾博堂书装

出版发行　朝华出版社
社　　址　北京市车公庄西路35号　**邮政编码**　100044
订购电话　（010）68413840　68433213
传　　真　（010）88415258（发行部）
联系版权　j-yn@163.com
网　　址　www.mgpublishers.com
印　　刷　三河市三佳印刷装订有限公司
经　　销　全国新华书店
开　　本　710mm×1040mm　1/16　**字　　数**　130千字
印　　张　13.75
版　　次　2008年7月第1版　2008年7月第1次印刷
装　　别　平
书　　号　ISBN 978-7-5054-1899-8
定　　价　28.00元

目　录

俄国教育家乌申斯基说过："注意是心灵的天窗，只有打开这扇天窗，才能让智慧的阳光撒满心田。"当感知的大门开启后，外界的信息纷至沓来。注意以其对一定对象的指向和集中，使人清晰集中地获得感知对象的信息，从而保证智力活动的顺利进行。

人们认识事物，总是从观察开始，有了观察，便有了注意、记忆、想象和思维等。如果我们把观察比作蜜蜂采花粉，那么思维等心理活动就好比将花粉酿成蜜，没有花粉就酿不出蜂蜜；没有良好的观察，思维就会因缺少材料而得不到良好的发展。所以观察是认识的基础、思维的触角。

每个孩子的大脑都是一个拥有强大记忆潜力、能够储存海量信息的记忆宝库，只待父母用科学的方法去启迪和开发。只要掌握了正确的记忆方法，并加以训练，任何人都可能拥有过目不忘的记忆力。每个孩子都可以轻易地记住大量知识，快速精通多种语言，仿佛在头脑中携带了一个储存丰富的电脑，而且比电脑的作用更强大，使用起来更方便。

孩子的想象力是智力的重要成分，聪明的孩子具有丰富的想象力。孩子如果缺乏想象力，就不能很好地掌握知识，也缺乏创造力。因此，父母一定要注重孩子想象力的培养和提高，把孩子培养成为富有想象力、

能力的人是无法进入未来的高科技社会的。

有人曾经做过一个调查，让人们用最简单的词汇来描述最完美的人，最后，有一个答案取得了大家的一致认可。它就是："计算机一样的大脑，雄狮一样的身体。"孩子的大脑开发固然重要，但拥有一个强健灵活的身体更不可忽视。健康是一个人生存的基础，任你有天大的本事，没有健康做基础，都如同无根之木、无源之水，迟早要枯萎、干涸。

第 9 章 让孩子感受推理的快乐——数学逻辑智能开发

人们往往认为数学逻辑智能就是算术，只是一种加减乘除的计算能力。事实上，除了计算之外，数学逻辑智能还包含逻辑和推理、模式、可能性和科学的分析，是处理一连串的推理、识别、模式和顺序的能力。人类对自然科学的认识正是以数学为基础。

第 10 章 “画”出一片美好未来——视觉空间智能开发

视觉是人类认识世界、获取知识的基本能力。视觉空间能力包括了视觉的辨别、认知和对空间的认识、理解，视觉空间能力不足的人会在生活中遇到很多的困难，直接影响其生活的质量；而视觉空间能力较强的人则会把生活变成一门真正的艺术。

第 11 章　音乐创造了差别——音乐智能开发 ……… 151

音乐是无声的语言、无形的图画、生命的律动、美妙的音符，让我们陶醉、激奋、震撼。缺少音乐的世界是不可想象的，缺少音乐的生命宛如没有灿烂阳光的春天，没有鲜花盛开的夏日，没有鸟儿飞翔的天空，没有璀璨繁星的深夜。人类不能缺少音乐，音乐是人类生命的蓬勃和智慧的源泉。

第 12 章　体验高情商的成功——人际智能开发 … 169

卡耐基认为“一个人的事业成功，只有 15%是由于他的专业技术，剩余的 85%都要归于人际关系和处世技巧”。人际关系交往是孩子学习做人，从“自然人”转向“社会人”的一个重要的途径，良好的社会交往能扩大孩子的视野，使他从生活中学习一些书本上所没有而又确实重要的知识。

3 岁是孩子自我意识、情感等方面开始发展的重要时期，他们开始有了自己的主见。很多家长认为孩子开始反抗自己的权威，其实，这恰好证明孩子已认识到自己了，想体验一下自己的力量，从这时开始，他的自我形象慢慢地建立起来了。因此，在幼儿阶段培养孩子的内省智能是非常重要和关键的。

对于人类而言，大自然是上天赐予的最好礼物！走进大森林，可以体验到树木苍翠、飞禽走兽的勃勃生机；走进溪流河川，可以感受到鱼翔浅底、水流湍急的乐趣；走进大山，可以领略到高山青翠、奇石嶙峋的壮美；走进大自然，享受到的是清新、是流畅、是平静、和谐与安详。热爱自然，是孩子的天性，请放飞孩子的翅膀，让他飞向自然的怀抱！

引言

为什么“3岁决定孩子一生”

3岁看老的科学依据
开发大脑潜能的关键期
3岁是学习的关键期
3岁存在语言爆发现象
身高增长取决于3岁

常言说："3岁看大，7岁看老。"这句话并非空谈，科学研究显示，在成长的过程中，一个孩子3岁之前的生长发育会影响其一生的发展变化。身为家长，只有把握好3岁之前的黄金期，孩子才会按照其自身的生长发育特点，发挥出潜能，健康成长。

3岁看老的科学依据

科学研究显示，3岁之前是一个人大脑发育的重要时期。一个人出生时脑重量只有370克，第一年年末时，婴儿脑重就已经接近成人脑重的60%；第二年年末时，约为出生时的3倍，约占成人脑重的75%；到3岁时，婴儿脑重已接近成人脑重的范围，以后发育速度就变慢了。所以孩子在出生后2～3年内，无论在生理和心理方面，良好的育儿刺激对大脑的功能和结构都有重要的影响。

为证实3岁在一个人一生中究竟起到多大作用，1980年英国伦敦精神病研究所教授卡斯比同伦敦国王学院的精神病学家们进行了一项别具一格的试验观察。

研究者以当地1000名3岁幼儿为研究对象，先是经过一番调查分析，然后将他们分为5种类型：充满自信型、良好适应型、沉默寡言型、自我约束型和坐立不安型。到2003年，当这些3岁孩子都长成了26岁的成人时，卡斯比教授再次与他们进行了面谈，并且对他们的朋友和亲戚进行了走访。调查结果如下：

表现类别	占有比率	幼年时的表现	成年后的表现
充满自信型	28%	活泼热心，为外向型性格。	性格开朗、坚强、果断，领导欲较强。
良好适应型	40%	自信、自制，不容易心烦意乱。	到26岁时，他们的性格与幼年时期相比没什么变化。
沉默寡言型	8%	性格沉默，言语较少。	他们要比一般人更倾向于隐瞒自己的感情，不愿意去影响他人，不敢从事任何可能导致自己受伤的事情。
坐立不安型	10%	行为消极，注意力分散等。	与其他人相比，这些人更易于对小事情做出过度反应，容易苦恼和愤怒。熟悉他们的人对其评价多为：不现实、心胸狭窄、容易紧张产生对抗情绪。
自我约束型	14%	自我约束力强，不轻易被外界干扰。	长大后的性格也和小时候一样。

这些3岁幼童的言行竟然准确预示了他们成年后的性格，让卡斯比教授十分惊讶。他对自己的试验结果进行总结，并在2005年发表了报告演说，这一报告在国际育儿学术界引起了轰动，为“3岁看老”的说法提供了强有力的证据。

卡斯比教授指出，一个人对3岁之前所经历的事情会像海绵一样吸收。这意味着孩子性格形成和能力培养的关键期就在3岁之前，这个阶段的孩子跟随什么样的人，接受什么样的教育，就将会形成相应的性格。和其朝夕相处的成人所说的每一句话，所做的每一个动作都可能会深深地烙在他们的心灵深处。

由此可见，在孩子3岁之前的成长过程中，父母和幼儿园老师担当着不可推卸的重任。父母和老师只有深谙育儿之道，抓住3岁这一关键期，才能赢得孩子未来的成功和胜利。

开发大脑潜能的关键期

脑科学和生命科学的最新研究表明：儿童的脑细胞组织到3岁就已经完成了60%，这时期的儿童脑部具有天才般的吸收能力。出生之后的最初几年是脑发育的关键时期，因此开发大脑潜能必须尽早。我们知道，出生时人脑有1000亿个神经元，之后不再增加。刚出生时孩子的大脑共有50亿个突触；出生后第一年，突触数目会增加20倍；3岁时大脑大小即是成人的80%；4岁时，脑的代谢达到高峰，脑逐渐成熟，对能量的利用也更有效。这一年龄的孩子之所以会不停地动，是因为他们的大脑在不断获得信息，能量消耗比较大，需要的营养比成人要多，身体发育同时也加快。

美国科学家利用“正电子发射计算体层摄影”技术，对幼儿大脑的发育进行扫描观察，发现孩子在出生之后，由于视、听、触觉接受大量的信号刺激，脑神经细胞之间建立联系的速度远远超出了人们的想象。而且研究表明，3岁以后，大脑的复杂性和丰富性已经基本定形，并且停止了新的信息交流，这时大脑的结构就已经牢固成形。虽然这并不意味着大脑的发育过程已经完全停止，但就如同计算机一样，硬盘已经格式化完毕，就等待编程了。

正因为如此，孩子幼时的生活经历将会极大地影响大脑神经细胞之间的联系程度。在一个充满忧虑和紧张气氛的家庭里长大的孩子处理问题的能力相对较差，而且很容易被自身的感情压垮。相反，那些生活在充满爱心的环境里的婴儿则会与环境频繁地进行交流，进而促进额叶前部的循环，这样就增加了以后对精神疾病和其他疾病的抵抗力。

3岁是学习的关键期

印度“狼孩”卡玛拉被人发现时已有7岁多，身上毫无正常儿童的特征，没有语言能力，不能直立行走，更不会与人交流。重返人间后经过长达6年的专业人员的护理，也只学会走路，到17岁时才学会十几个单词，智商只有4岁孩子的水平。

这个事实表明，如果错过了孩子学习关键期的教育时机，将造成不可逆转的后果。

所谓“关键期”，是指最易学会和掌握某种知识技能、行为动作的特定年龄时期。在关键期对孩子进行及时的教育，孩子学起来容易，学得也快，能够收到事半功倍的效果，但如果错过关键期再去学，就要花费很多的精力和时间，事倍功半。

美国著名心理学家南希·贝莱博士潜心研究、观察了婴儿的发育、发展，她在《幼儿发展研究》一书中列出了以下8个线索，以提醒父母注意婴儿智力的正常发展。

第一，当某样东西掉落到地板上时，6个月的婴儿会顺着下落的方向看；

第二，当需要得到满足时，6个半月的婴儿，会发出表示满意的声音；

第三，7个多月时，婴儿会冲着镜子中的影像微笑，还能去寻找落地的东西；

第四，8 个半月时，婴儿会和成人一起玩诸如藏猫猫、拍拍手等简单的小游戏，也会倾听熟悉的词；

第五，9 个多月时，婴儿会自己动手玩弄一些小物件，也能理解某些词的含义；

第六，10 个多月时，婴儿会模仿成人把积木放入盒中，若看到别人把玩具包起来，就不会去拆开；

第七，11 个多月时，会模仿词的发音；

第八，12 个多月时，会讲几个单词。

法兰克福大学的心理学家莫妮卡·克诺夫认为，婴儿的智力出乎人们的意料，他们甚至能够用眼睛跟着做简单的数字游戏。

克诺夫说："我们给婴儿看不同数量的点。最初他们注视着两个点，等到熟悉了以后就开始失去兴趣。但当我们接着展示第 3 个点时，他们的兴趣又来了。"她对 13～14 个月大的婴儿对复杂事物的长时间记忆能力进行了研究，也获得了出乎意料的发现，如婴儿能够把用以前从未见过的玩具做出的复杂动作记住长达半小时之久，甚至还能模仿这些动作。

从上面的线索和实验中，我们可以看出，0～3 岁是儿童大脑高速发展的时期，是儿童多方面能力（感知觉、记忆、思维、个性等）发展的关键期。那么，孩子学习的关键期是怎样的呢？研究发现：

◆ 出生后 6 个月，是婴儿学习咀嚼和吃干食物的关键期；

◆ 2～3 岁是计数能力（口头数数、按物点数、按数点物、说……关键期；

……学习口头语言的第一个关键期，5 岁左右是口头……个关键期；

◆ 2.5～3.5 岁是教育孩子遵守行为规范的关键期；

◆ 3 岁左右是培养其独立生活能力的关键期。

美国心理学家布鲁姆通过研究指出，如果把人在 17 岁时测得的智商定为 100%，那么其中 50%在 3 岁前发生，由此可见，父母在对孩子进行早期教育时，抓住 3 岁前这一关键期十分重要。

3 岁存在语言爆发现象

父母们有时会突然发现，自己蹒跚学步的孩子似乎一夜间词汇量有了迅猛增加。科学家研究表明，这很可能是一种“滚雪球”效应。

科学家认为，孩子学习语言不是慢慢地一字一句地学习，而是存在突然的“语言爆发期”现象。例如在 2 岁之前他们对语言的把握很模糊，但 2 岁之后突然某一天就能够很容易地掌握各种很复杂的表达技巧了。

他们还发现了一个问题，即无论一种语言有多复杂，没有接受过教育的本民族人都会熟练运用，比如拉丁语，现在学习起来非常困难，但那时候连罗马帝国的奴隶也会讲拉丁语，而且当时拉丁语的难度与现在几乎一样。

3 岁是人类心理发展的一个分水岭，也是孩子学习语言的关键期。通常来说，孩子到了 2 岁的时候就会表达比较复杂的句子，甚至会使用不同时态和语态的动词或者连词，而且还会使用长句和分句了。在这个年龄段，孩子从无意识的状态过渡到有意识的状态，而且已经建立了他所在的生存群体和特定社会阶段所特有的心理结构和语言表达机制。

一个牙牙学语的孩子，在生活中熟悉语言，在模仿中学习语言。到5～6岁的时候，孩子们又开始学习新的单词，逐渐完善语句的表达。环境在这时候显得非常重要，如果当时外界人群的发音是方言，那孩子也会照着模仿；如果他们经常和一些语言丰富的孩子玩耍，时间一长，他们也会变得像这些孩子一样能说会道。

比利时心理学家观察发现，一个2岁半的儿童通常具有二三百的词汇量，但到6岁时他已经能够使用数千个单词了，而且这些词汇都是在没人教导的情况下孩子们自然吸收的。

美国心理学教授鲍勃·麦克默里认为，孩子学习说话的过程大多是父母注意不到的，正是在这些不被察觉的学习过程中日积月累，产生了令父母惊异的必然结果。

6岁儿童的语言表述已经非常准确了，他们了解并且能够使用母语的一些规则。可以说，到了这个年龄段，我们的孩子已经独立完成了学习语言的整个过程。如果他们没有这种自觉、自然地学习语言的能力，那么人类历史上就不会取得如此众多的辉煌成就，可以说正是语言的不断发展，才推动了人类文明的进步。

在孩子1～3岁期间，他们自己能够学习多个词汇，且学习的中等难度词汇比简单词汇多。这就意味着父母无需为各种声称能提高孩子词汇量的“新发明”而花费时间和金钱。抓住这一时期，多跟孩子说话、多读书给孩子听，才是提升孩子语言能力的关键。

身高增长取决于3岁

几乎每个妈妈都有定期为孩子量身高的习惯。看着那条红色的身高线一点一点往上提升，随着时间一天天过去，怀里的小宝宝一点点长高，慢慢长成少年、青年，每个妈妈的心里都充满喜悦。那么，孩子是怎样长高的呢？

科学研究发现，婴幼儿时期、青春期，是人长高的两个高峰期。人从出生至成年体格的长成，其生长速度不是匀速的，出生至2岁时共长28厘米，其中在4个月以前、5～12个月、1～2岁这3个年龄段各完成1/3。2岁前营养对生长的影响远超过遗传因素，年龄越小越是如此。2岁后至青春期前每年匀速长5～7厘米直至青春期第2次加速。换言之，一个身高170厘米的成人，其身高1/3以上是在出生至2岁形成的。所以说，3岁前如受到营养、疾病或药物等有害因素的影响，其对身高的损害将大大超过3岁后。

一般说来，影响身高的因素主要有以下6种：

1. 先天遗传：不可否认，在孩子的身高上，遗传具有支配地位。爸爸和妈妈的身高是很重要的，甚至包括往上三代都可能有所影响。你只需要看看这个孩子父母的体型和身高，基本就可以将一个孩子未来的身高推测一个大概了。

2. 营养保健：虽然遗传因素很重要，但这并非决定孩子身高的唯一标准。其中，营养的重要性也不容忽视。一个孩子在成长过程中，如果得不到全面均衡的营养保障，那他正常的身体发育就会受到限制。严重的话，还会导致发育不良。所以，父母一定要在营养供给上做到及时和多样化，保证孩子能获得充足的营养，从而满足孩子身体生长发育的需求。

3. 生理疾病：一些孩子一生下来就伴随有某些疾病，这些疾病如果得不到及时的控制和治疗，就有可能影响孩子的正常生长发育。最常见的疾病有：肝肾功能不良、胃肠功能紊乱、食物过敏、呼吸道疾病等。

4. 药物副作用：常言道，“是药三分毒。”药物虽然可以对疾病起到一定的治疗效果，然而经常性或不正确的药物使用也会产生一定的副作用，从而影响孩子的生长发育，例如在治疗 ADHD 疾病的过程中所用的利他林，已被医学界确认对孩子发育有阻碍作用。因此，父母在孩子的成长过程中，尽量少用药物治疗，在万不得已需用药物的情况下，应在医生的指导下谨慎选择药物种类和适用剂量。

5. 体育锻炼：常规的体育锻炼能够促进孩子的骨骼和肌肉发育，从而加快他们的身体生长。然而，作为父母，一定要意识到，并不是所有的体育锻炼都能促进孩子的身体发育，许多我们都很熟悉的运动不但不能有利于孩子成长，反而会大大损害孩子的正常发育。例如高难度的体操、杂技、摔跤和举重等活动，很有可能对孩子柔嫩的骨骼造成伤害，甚至畸形。

6. 睡眠质量：经过科学家大量的试验调查表明，大约有70%～80%的生长激素是在睡眠中分泌并发挥作用的。所以，保证孩子睡眠的时间和质量对其生长发育是极其重要的。

7. 情绪影响：情感忽视和过度的紧张焦虑都会阻碍孩子身体的发育。一个生长在充满爱和快乐的家庭中的孩子，与一个生活在混乱、压抑、恐惧的环境中终日郁郁寡欢的孩子相比，前者更容易最大程度激发其内在生长潜能。情绪因素对孩子身体发育的影响，与食物为孩子提供的营养同等重要。

总之，无论从大脑发育、智力开发、身体增长、性格培养，还是从其他方面来说，3 岁都是孩子一生中最重要的时期之一，父母一定要抓住这一人生成长的黄金期。

因此，在这样的一种理念指导下，《3 岁决定孩子的一生》这套供父母进行早期教育的指导性丛书诞生了！

这套丛书一共 6 册：《蒙台梭利早期教育法》、《蒙台梭利早期教育实战训练》、《卡尔·威特的天才教育》、《好孩子的成长 99%

靠妈妈》、《0～3岁全营养计划》、《0～3岁高智商开发和潜能训练》，分别阐述了蒙台梭利早期教育的理论、在0～3岁期间如何实施蒙台梭利的训练、在0～3岁期间如何实施卡尔·威特的天才教育、妈妈如何在孩子这一时期发挥自己的教育作用，以及在0～3岁期间孩子的智商开发和营养方案。

每一分册都以“3岁决定孩子的一生”为主旨思想贯穿始终，同时又各自介绍了不同的教育方法和理念，既可成为互有关联的一套丛书，也可以独立地各自成册。书中既有充分系统的科学理论阐述，又有详细具体的操作方法，是父母进行早期教育不可多得的指导参考书。

作为这套丛书的策划者和编写者，我们衷心希望《3岁决定孩子的一生》这套书能够对中国千千万万的为人父母者和即将为人父母者有所裨益，能够培养出更多的聪明、健康、乐观向上的好孩子！

《3岁决定孩子的一生》丛书编委会

2008年6月

第1章

每个孩子都有天才的潜质
——智商的知识

高智商属于每个孩子

智商成长曲线

影响智力的有关因素

多元智能的八大触角

智力开发的原则

关于天才，自古以来多数人的共识是：天才都是遗传的结果，关乎于血统。据说音乐大师莫扎特3岁就能演奏钢琴，英国思想家密尔3岁就可以读古典拉丁文……这些现实的例子似乎更加证明了天才来源于遗传。但是，大多数人并不知道这些天才在幼儿时代都曾经接受过严格的教育或培养。

高智商属于每个孩子

也许你听说过一个叫“门萨（MENSA）”的俱乐部。这个俱乐部和世界上形形色色的俱乐部最大的区别就是：入会标准只有一个——拥有高智商。

这个俱乐部于1946年成立于英国牛津，创始人是律师Roland Berrill和科学家兼律师Lance Ware。他们有意为聪明者建立一个社团，通过充满挑战性的社团活动而使参加者的高智商获得承认、肯定和不断提高，并分享彼此的成功感。

其实，说简单点，这个俱乐部就是一个高智商人士的集中营。它的最大特色就是以智商为唯一入会标准。在这里，种族、肤色、宗教、职业等因素均不予考虑，想要成为俱乐部的一员条件很简单：只要你拥有超过 148 的智商（此分数为外间根据香港分会的情况做的推测，门萨俱乐部拒绝公布测试的具体评分方法及合格分数）。当然，也许对很多人来说这一点正是最难的。

据悉，门萨俱乐部目前拥有 10 万多名会员，遍布 100 多个国家，会员年龄在 2 岁到 94 岁之间，但主要集中在 20 岁到 49 岁这一年龄段之间。

门萨俱乐部里最小的一名会员是在 2007 年刚刚加入的，她就是英国汉普郡奥尔德肖特市夫妇马丁和路西的女儿乔治娅。

刚刚两岁的乔治娅不仅已经学会数数，还能辨别颜色，甚至开始学说法语。然而，母亲路西——已经孕育了 5 个孩子的妈妈，凭借以往的育儿经验感到自己的女儿似乎比同龄的孩子聪明了太多，她为此隐隐担忧，于是主动联系英国教育心理学家琼·弗里曼教授，期望得到她的建议。

弗里曼教授对乔治娅进行了标准的斯坦姆福德·宾尼特智商等级测试，结果乔治娅的智商水平让她惊得目瞪口呆——乔治娅的智力远不是“聪明”两个字所能形容的，她的智商竟然高达 152！这已经属于官方认可的“天才级”智商。要知道，英国物理学家斯蒂芬·霍金的智商不过 140 以上，爱因斯坦的智商也只有 160 左右！

拥有如此高的智商，这确实很让人羡慕。尽管拥有高智商并不代表一定能获得伟大的成功，甚至和幸福生活根本没有关联，但人们还是那么热切地期盼自己能拥有高智商。

尤其是做父母的，他们无不希望自己的孩子拥有高智商，这就意味着孩子日后可能有超强的学习能力，可能考上竞争激烈的名牌大学，可能拥有令人尊敬的好工作，可能取得事业上的成功，可能获得幸福而有意义的人生……尽管一切都只是“可能”，但拥有高智商，无疑是比别人拥有了更强的竞争力，可以算是一个良好的开端！

这种想法是可以理解的，而且也有实实在在的道理。正如“龟兔赛跑”，尽管故事的结局是乌龟获胜了，但如果必须选择的话，相信每个人都会选择做兔子。谁不希望自己是拥有天赋的超能者呢？

虽然历史上曾经发生过“伤仲永”这样的事情，但天才变成庸才不是高智商的过错，相反，教育不当、暴殄天物才是真正的罪过。

可是，谁能如此幸运呢？

自古以来，太多人的共识是：天才都是遗传的结果，关乎于血统。据说音乐大师莫扎特 3 岁就能演奏钢琴，英国思想家密尔 3 岁就可以读古典拉丁文……这些现实的例子似乎更加证明了天才来源于遗传。

但是，大多数人并不知道这些天才的幼儿时代曾经接受过怎样的教育或培养——无论莫扎特还是密尔，他们的父亲都非常热衷于早期教育，期望通过教育把自己的孩子打造成天才，他们也确实有计划、有步骤地实施了自己的理想。

现代科学研究认为，每个孩子在出生伊始，都有成为天才的机会。如果得到合理的开发，每个人的智商都不会低于达·芬奇——这个被誉为人类历史上智商最高的人。

这是耸人听闻吗？不，一点都不。这个观点的背后有大量的科学依据在支撑。

费城人类潜能研究所格连杜曼博士说：“每个孩子出生时所拥有的潜在智能，比达·芬奇一生使用过的还要多。所有孩子生来都是天才，只是我们——孩子的父母和最亲近的人，却在他们生命最初的6年里磨灭了他们的天资。”

脑科学和生命科学的最新研究表明：出生时人脑有1000亿个神经元，之后不再增加。新生婴儿的大脑共有50亿突触，出生后第一年，突触数目会增加20倍；3岁时大脑大小即是成人的80%；4岁时，脑的代谢达到高峰，脑逐渐成熟，对能量的利用也更有效。

儿童的脑细胞组织发育到3岁就已经完成了60%，这时期的儿童脑部具有天才般的吸收能力。可以毫不夸张地说，幼儿的大脑犹如吸力极强的海绵，可以把所有接触到的信息全部吸收。大脑的可塑性在于它有自我“重新接线”的能力，孩子听到的、看到的越多，大脑中形成的连接就越多。他们的记忆力更是惊人，即使是毫无关联的一组信息也会快速、准确地收入记忆宝库。

其实这一点并非难以理解，电子计算机就是模拟人脑制造的，既然人脑的“仿制品”都有那么强大的惊人功能，那么人脑的潜能只能用深不可测来形容了。

所以说，每个孩子都有巨大的潜能，每个孩子都会成为达·芬奇一样的天才。高智商属于每个孩子，绝非虚言！

世界上最聪明的人：

意大利文艺复兴时期艺术家达·芬奇：200以上

英国物理学家牛顿：190

意大利物理学家伽利略：180以上

奥地利音乐家莫扎特：165

德国科学家爱因斯坦：160左右

微软创始人比尔·盖茨：160 以上

英国理论物理学家斯蒂芬·霍金：140 以上

智商成长曲线

智力

智力通常也叫智能或智慧，就是认识客观事物并运用知识、技能去解决实际问题的一种能力。它是人的大脑的功能，是一种心理特征。智力集中表现在反映客观事物本质的深刻程度、全面程度和正确程度上，还表现在应用知识技能解决实际问题的速度和质量上。

智力与能力是两个相对独立的概念。能力是保证人们成功地进行实际活动的较稳固的心理特征的综合。如果说智力是保证人在理论认识上的一种力量，那么能力就是保证人在实践活动中取得成功的力量。发展智力，有赖于能力因素的参加；发展能力，也离不开智力因素的基础，二者之间既有区别，又有联系。

智商

智商，顾名思义，就是智力的商数的简称，现在大家都知道它的英文缩写为 IQ，代表智力高低的一个具体数字。

智商是通过测试得出的一个关于智力的指数，换言之，就是被测试者在智力测试中所取得的一个分数。这个分数是以科学的方式量化了抽象的智力存在。

智力的研究和提高一直是科学家最感兴趣的课题，经过许多心理学家的长期努力，关于测量智力的方法已经逐步完善。它的具体计算方法为：

IQ(智商)＝MA(智力年龄)/MA(实际年龄)×100

从这个公式中我们可以看出，智商就是智力年龄与实际年龄的一个比率，乘以 100 是为了让智商成为一个整数。

举例说明，如果一个 3 岁的孩子经过智商测验，他的分数达到了 4 岁孩子的平均水平，那么这个 3 岁孩子的智商就高于同龄的孩子，是个聪明的孩子。他的智商为：4/3×100≈133。

智商为 200 分制，即最高的分数是 200，最低的是 0。90～110 分者属于正常智力的范围，120～140 分者为聪明人，140 分以上的则是绝顶聪明的人或称天才。分数越低，表示智力越差。70 分以下的为智力低下，其中 50～70 分者属于愚笨，25～50 分者为痴呆，0～25 分者为白痴。

智商成长曲线

如果从人的年龄发展的角度来观察研究人类智商的发展，就会发现，不同的年龄阶段，表现出不同的智商发展趋势。国外有人研究了智商的发展后，得出一条“智商成长理论曲线”。

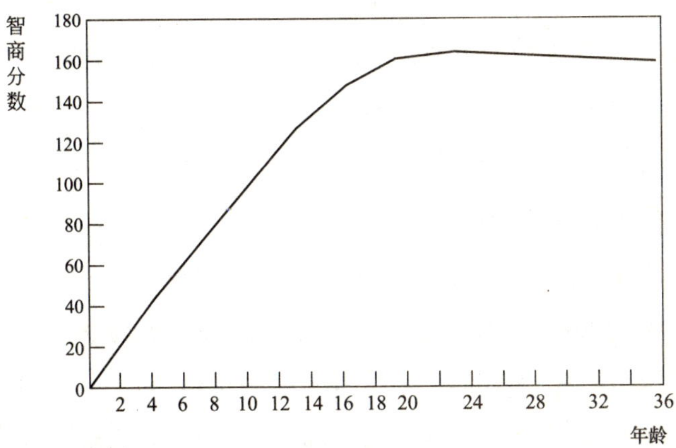

从图中可以看出，在 13～14 岁以前，测验的绝对分数是在直线上升，表明儿童的智力水平不断发展。13～14 岁后智力发展速

度逐渐缓慢下来，在26岁左右停止增长。26～36岁保持平衡状态，以后有所下降。

这条曲线能够说明：幼儿时期是人类智力迅猛发展的时期。由此，我们可以推断，在这个时期所做的教育和训练，对人一生的智力发展有极其重要的影响。

影响智力的有关因素

内在因素：遗传

无数事实表明，智慧与才能虽不是完全由遗传所决定，但是与遗传有密不可分的关系。

据统计，父母的智力高、孩子的智力往往也高；父母智力平常，孩子智力也一般；父母智力有缺陷，孩子有可能智力发育不全。

有人长期研究过一群智商在140分以上的孩子，发现这些孩子长大后一直保持优秀的才智。他们的子女的智商平均为128分，也远远超过一般孩子的水平。而对于智力缺陷者，他们的孩子有59%有精神缺陷或智力迟钝。

外在因素：社会环境、教育

大脑为人类智商提供了发展的可能，但这只是一种遗传潜能，即如果得不到及时的开发就会逐渐丧失的一种能力。

1920年10月，在印度加尔各答西南方的一个小山村里，人们在狼窝里发现了两个由狼抚育过的女孩，其中大的有七岁多，被取名为卡玛拉；小的约两岁，被取名为阿玛拉。

后来她们被送到一个孤儿院去抚养。阿玛拉于第二年死去，卡玛拉则一直活到1929年。孤儿院的辛格牧师在他所写的《狼孩和野人》一书中，详细记载了这两个狼孩重新被教化为人的经过。

狼孩刚被发现时，生活习性与狼一样；用四肢行走；白天睡觉，晚上出来活动，怕火、光和水；只知道饿了找吃的，吃饱了就睡；不吃素食而只吃肉；吃食物时不用手拿，而是放在地上用牙齿撕开吃；不会讲话，每到午夜后像狼似地引颈长嚎。

经过7年的教育，卡玛拉才掌握十几个单词，勉强地学会说几句话，开始朝人的生活习性迈进。她死时估计已有17岁左右，但其智力仅相当四岁的孩子。

狼孩的故事说明：人类的知识与才能不是天赋，直立行走和言语也并非天生的本能，所有这些都必须在后天的社会实践和劳动、学习中获得。只有在适当的环境中，幼儿才能真正成长为人。没有好的环境和教育，再好的遗传基础也不行。可以设想，即使是具有特殊脑结构的“神童”，如果一出生就落入狼穴，也只能长成“狼孩”。

研究表明，人类的智商是随着大脑的活动而发展起来的。而大脑的活动是在外界各种信息刺激下进行的，外界刺激越丰富多彩、生动活泼，大脑的活动也就越加积极，注意力越容易集中指向那些刺激物，做出应答性的反应活动。随着外界刺激信息的不断作用，大脑不仅认识了更多的信息，而且各种相应能力也得到发展，智商水平不断提高。

混合因素：家族环境和家庭教育

古今中外有许多人才辈出的家族，如：

音乐家巴赫家族的8代136人中，有50个男性是著名的音乐家；莫扎特和韦伯家族的几代人中都有著名的音乐家；我国南北朝时著名的科学家祖冲之的儿子祖恒之、孙子祖皓都是机械发明家，又都是著名的天文学家和数学家……

智力的这种家族聚集性，一度被视为遗传决定智力的例证。然而，家庭也是智力发展最基本的环境因素。对于孩子来说，家庭环境的影响作用远远大于其他各种环境的影响。

家庭提供了定向教育培养的优势条件。智力的家族聚集性现象，恰恰说明了先天和后天因素对智力发展的作用。

研究表明，在父母关心孩子、耐心教育并给予必要指导的家庭里，孩子智商发展迅速，并在许多方面有良好的发展；相反，不太关心孩子，对孩子的发展放任自流的家庭，孩子智商水平偏低，许多能力发展水平低于正常同龄人。

由此可见，遗传提供了智力的基本素质，后天因素则影响其发展的可能性。在遗传的基础之上，把家庭环境和教育相结合，才能收到理想的智力开发的效果。

多元智能的八大触角

理论认为，智能是一种整合人性的操作模式，是解决问题或创造的能力。智能并不是与生俱来的，每个人都有能力改进且扩展自己的智能。每个人的智能是多元的，并有自己独特的智能组合。

1983 年，该理论首次提出时，有 7 种智能，后来在 1995 年又提出了第 8 种智能。这 8 种智能分别是：语言智能、逻辑数学智能、视觉空间智能、肢体运动智能、音乐智能、人际智能、内省智能、自然智能。

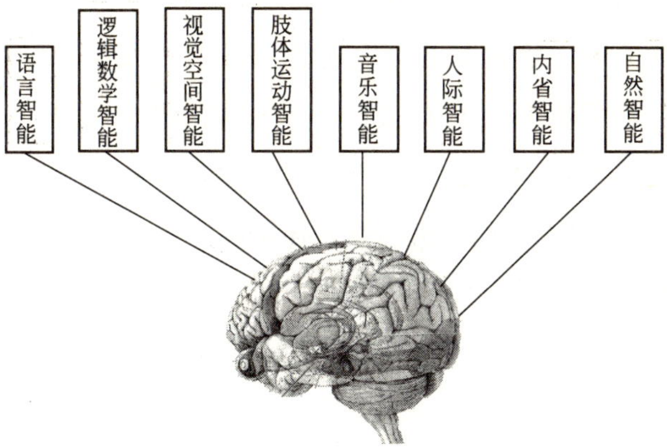

多元智能的八大触角图示

1. 语言智能

语言智能是指运用口语表达思想，或运用书面文字传达信息的能力。语言智能高的人喜欢玩文字游戏、阅读、讨论以及写作；在谈话时常引用他处读来的信息。在学校里，语言智能高的学生表现出对语言、历史等类课程有很大兴趣。语言智能高的人适合从事律师、演说家、编辑、作家、记者等职业。

2. 逻辑数学智能

逻辑数学智能是指有效地运用数字和推理的能力。逻辑数学智能高的人喜欢提出问题并执行实验以寻求答案；喜欢寻找事物的规律及逻辑顺序；对科学的新发展有兴趣；喜欢在他人的言谈及行为中寻找逻辑缺陷；对可被测量、归类、分析的事物比较容易接受。他们在学校学习时特别喜欢数学、物理、化学、电子等科学类的课程。逻辑数学智能强的人适合从事数学家、税务人员、会计、统计学家、科学家、计算机软件研发人员等职业。

3. 肢体运动智能

肢体运动智能是指善于运用整个身体来表达想法和感觉，以及运用双手灵巧地生产或改造事物。这项智能包括特殊的身体技巧，例如平衡、协调、敏捷、力量、弹性和速度以及由触觉所引起的能力。肢体运动智能高的人喜欢在户外活动，很难长时间坐着不动；喜欢惊险的娱乐活动，并且定期从事体育活动；喜欢动手建造东西；与人谈话时常用手势或其他肢体语言。肢体运作智能高的孩子总是跑跑跳跳，喜欢触摸环境中的物品，愿意做缝纫、编织、雕刻或木工等活动。肢体运作智能高的人适合从事演员、舞者、运动员、雕塑家、机械师等职业。

4. 音乐智能

音乐智能是指察觉、辨别、改变和表达音乐的能力，包括对节奏、音调、旋律或音色的敏感性。音乐智能高的人通常有很好的歌喉，能轻易辨别出音调准不准；对节奏很敏感，常常一面工作，一面唱歌或听音乐；会弹奏乐器；一首新歌只要听过几次，就可以很准确的把它唱出来。音乐智能高的人适合从事歌手、指挥、作曲家、乐队成员、音乐评论家、调琴师等职业。

5. 视觉空间智能

视觉空间智能是指准确地感觉视觉空间，并把所知觉到的表现出来的能力，包括对色彩、线条、形状、形式、空间及它们之间关系的敏感性，也包括将视觉和空间的想法具体地在脑中呈现出来，以及在一个空间的矩阵中很快找出方向的能力。视觉空间智能高的人对色彩的感觉很敏锐，喜欢玩拼图、走迷宫之类的视觉游戏；喜欢想象、设计及随手涂鸦；喜欢看书中的插图；在学校时，他们学几何比学代数更容易。视觉空间智能高的人适合从事向导、猎人、室内设计师、建筑师、摄影师、画家等职业。

6. 人际智能

人际智能是指察觉并区分他人的情绪、意向、动机及感觉的能力，包括对脸部表情、声音和动作的敏感性，辨别不同人际关系的暗示以及对这些暗示做出适当反应的能力。人际智能高的人通常比较喜欢参与团体性质的运动或游戏，如篮球、桥牌，而较不喜欢个人性质的运动及游戏，如慢跑、玩电动玩具。当他们遭遇问题时，他们比较愿意找别人帮忙；喜欢教别人如何做某件事。他们在人群中感觉很舒服自在，通常是团体中的领导者。人际智能高的人适合从事的职业有政治、心理辅导、公关、推销及行政等需要组织、联系、协调、领导、聚会等的工作。

7. 内省智能

内省智能是指有自知之明并据此做出适当行为的能力，包括对自己有相当的了解，意识到自己的内在情绪、意向、动机、脾气和欲求以及自律、自知和自尊的能力。内省智能强的人通常能够维持写日记或睡前反省的习惯；常试图由各种回馈中了解自己的优缺点；经常静思以规划自己的人生目标；喜欢独处。他们适合从事的职业有心理辅导、神职等。

8. 自然智能

自然智能指的是对自然的景物，如植物、动物、矿物、天文等，有浓厚的兴趣、高度的关注及敏锐的观察与辨认能力。自然观察智能强势者特别适合从事自然生态保育者、农夫、兽医、宠物店老板、生物学家、地质学家、天文学家等职业。

智力开发的原则

望子成龙、望女成凤之心，天下父母皆有之。近代科学认为，幼儿期是人生当中智力发展最重要的时期。0～3 岁的孩子在体格发育、神经发育、心理发育和智能水平都显示出极其旺盛的生长态势。“3 岁决定孩子一生”的观点已经得到社会各界的普遍认可，因此早期智力开发蔚然成风。

许多事例证明，人如果在幼儿期没有接受过适当的教育和训练，永远达不到他们原来应该达到的智力水平。但是，也有许多事例证明，早期智力教育如果没有慎守原则，倒会造成偃苗助长、画虎类犬的效果，得不偿失。

那么，什么是早期智力开发？智力开发又要遵循什么原则方为恰当呢？

早期智力开发，意指在孩子具备某种能力之前的适当时期内，给他们提供恰如其分的感官刺激，使他们增加反应的敏感性，促进大脑的发育，启发婴幼儿的潜在智力，以加速儿童的先天潜能变为现实的能力。即发展小儿感知觉能力、动作及语言能力，培养小儿记忆力、注意力、思维想象力，以及良好情绪和意志等。

早期教育绝非培养婴幼儿超常专业机能的训练，应遵循以下原则：

1. 遵循大脑发育自然规律

应根据幼儿大脑发育每个阶段的特点进行训练，遵循大脑发育的规律性，抓住大脑发育的关键时机，提供环境条件以发展孩子的智力潜能，既要注意刺激、诱发儿童智力的发展，又要重视培养、发展孩子的良好行为和个性品德。

2. 把握孩子心理活动特征

孩子的心理总是在不断地发生变化。在婴幼儿期的基础上，学龄前幼儿各种心理活动逐渐发生，陆续出现，开始达到基本齐全；心理活动从笼统到开始分化；从非常具体到出现抽象概括的萌芽；从完全被动到出现最初的主动性；从非常凌乱到出现系统性萌芽。

这是孩子从出生时软弱无能的个体到成为独立的社会成员必须要经过的阶段。进行智力开发要符合其心理活动的基本规律，这样才有可能达到理想的效果。

3. 根据个体差异因材施教

不同的孩子，由于遗传素质、生活环境、接受教育及个人努力程度不同，在身心发展的可能性和发展水平上存在着差异，其兴趣、能力、性格也都不同，即使是双胞胎，其智力水平也不完全相同。因此要根据每个孩子的个性特征，实施不同的教育，而且家长不能把自己的兴趣爱好强加在孩子身上，对智力落后的孩子，更要善于发掘他们各自的特长，激发孩子的兴趣及增强他们的信心，以促进其智力的发展。

4. 启发诱导

要根据孩子好发问的特点，耐心地启发诱导，引发孩子的学习兴趣，激发孩子的学习热情，切忌死记硬背。

5. 寓教于乐

游戏是孩子们的特殊学习方式，在游戏中孩子可以不知不觉地记住许多事物并产生许多联想，在游戏中所获得的体验也是最易牢记的。组织孩子游戏时应注意四个方面，即游戏的活动性、创造性、知识性和角色性，也就是通过游戏活动促进孩子的动作、技能的发展、言语的发育，发挥他们的创造性，促进思维能力及想象力的发展。

6. 运用感官去体验

让孩子的听觉、视觉、嗅觉、味觉、触觉以及运动觉都参与对事物的认识活动，使孩子自己体验各种不同的感觉，引导他们主动学习的积极性。

7. 全面发展

有些父母偏重对孩子的智力开发，但忽视孩子的情感心理健康。要开发孩子的智力潜能，就要将启发孩子学习的智力因素和非智力因素有机结合起来，不是机械地让他们获得知识，而是灵活地让他们自己去寻找知识，使他们不仅有学习的兴趣，还有良好的学习习惯。

8. 避免过度干涉

好奇好动是孩子的天性，过多的干涉会使孩子胆小、怕事，也会助长他们的反抗心理；过分的保护以致包办代替，会剥夺孩子练习正常动作的权利和机会，更会限制孩子智能的发展。过分保护和干涉培养出来的孩子缺乏独立性、自立性。过度的期望会给孩子造成压力，使孩子出现神经衰弱、恐惧、逃学、旷课等。

如果我们能自觉地遵循这些原则去开启孩子的智慧，孩子们就会自然有序地得到发展。这样的发展才是孩子真实智力的展露，才是真正遵循了儿童智力发展的规律。

第2章

打开心灵的天窗
——注意力训练

注意力是心灵的天窗
有意注意和无意注意
0～3岁幼儿注意力发展特点
培养孩子注意力的原则
0～1岁注意力训练
1～2岁注意力训练
2～3岁注意力训练

俄国教育家乌申斯基说过："注意是心灵的天窗，只有打开这扇天窗，才能让智慧的阳光撒满心田。"当感知的大门开启后，外界的信息纷至沓来。注意以其对一定对象的指向和集中，使人清晰集中地获得感知对象的信息，从而保证智力活动的顺利进行。

注意力是心灵的天窗

注意力就是把自己的感知和思维等心理活动指向和集中于某一事物的能力。人类的每一种心理过程都是不同程度地指向和集中于一定的对象的。当人们专注于某个事物时，总是同时在感知、记忆、想象、思考着或者说体验着一定情感情绪，所以说注意本身并不是一种独立的心理过程，它是各种心理过程的一种特性。

当感知的大门开启后，外界的信息纷至沓来。注意力以其对一定对象的指向和集中，使人清晰集中地获得感知对象的信息，从而保证智力活动的顺利进行。因此说注意力是智力活动的开端。发展注意力与发展智力有密切的关系。

俄国教育家乌申斯基说过："注意是心灵的天窗，只有打开这扇天窗，才能让智慧的阳光撒满心田。"注意力在人的智力活动中起着相当重要的作用。注意力是观察力的先导，没有注意就无所谓观察。人的一切心理活动都离不开注意力的参与，父母必须重视孩子注意力的培养。

有的孩子坐不住，注意力涣散，早期教育难以进行，令父母大伤脑筋。其实注意力是可以培养的，父母应先了解一些注意力的特征，再施以针对性的方法。

注意力特征 1：有转移能动性

转移能动是指根据当前的任务，有意识地、主动地把注意从一个对象转移到另一个对象；或是同一活动中从一种操作转移为另一种操作。注意力转得快慢和难易受多种因素制约，首先取决于主体对新活动的高度自觉性、目的性及新活动的性质特点，还与人的神经过程的灵活性有关。

注意力特征 2：有稳定持久性

稳定持久指注意时间长久地保持在某种事物或活动上。主体对活动的目的、任务的理解水平，以及对该事物或活动的兴趣、动机、情绪、思维积极性和健康状况等都对注意力有重大作用。而且还与注意对象的特点有关，相对单调、静止的对象难以保持长久的注意力。

注意力特征 3：有强度集中性

强度集中是指注意力指向于一定事物时的聚精会神的程度，即注意力的强度。一方面是指向范围的相对缩小，另一方面是对象的深入，从而使反映效果更加清晰、完整和深刻。它是准确、顺利地完成某种活动的必要前提，也是智力活动中从事学习，获得知识、技能的必须的心理特性。

注意力特征4：有紧张专注性

紧张专注是指高度集中时的积极状态。在注意力处于紧张状态时，人会沉浸于注意的对象，而忘记周围的其他事物。注意力的紧张性越强，注意力的集中性也就越高，反之亦然。在智力活动中，把注意力高度专注于当前的任务上，就可以提高学习或工作的效率；有时也要降低注意力的紧张性，因为长时间的高度紧张容易引起疲劳，甚至导致注意力的涣散。

注意力特征5：有范围广泛性

范围广泛是指同一时间内能清楚地把握对象的数量。注意力的广度，不仅和人的注意能力的大小有关，而且也受注意对象的特点和人的注意人物以及知识经验的制约。注意对象越集中，排列越有规律，相互联系越趋向于成为整体。

有意注意和无意注意

注意可以分为无意注意和有意注意。

无意注意是一种事先没有预定目的，并且不需要意志努力的注意。它对有机体适应环境变化、保护个体安全很重要，是人和动物共同具有的注意形式。这种注意的产生和维持，不是依靠意志努力，而是人们自然而然地对那些强烈的、新颖的和感兴趣的事物所表现出来的心理活动的指向和集中。它往往在环境发生变化时发生。比如安静的教室里突然有人大声说话，大家的注意力就会被吸引过去。

无意注意的产生和维持，既没有明确的认识任务，也不依靠意志努力，而是取决于刺激物本身的性质和强度。因此无意注意耗能较少，不容易引起疲劳。

有意注意是一种有预定目的、需要一定意志努力控制的注意。它是人类所特有的心理活动，是在实践活动中发展起来的。它服从于既定的目的任务，并受意识的自觉调节和支配。

比如当人们开始学习一门新学科时，由于认识到这门学科知识的重要性，上课时就会特别自觉地将注意力集中于所学内容；当学习遇到困难或环境中出现其他干扰因素时也会主动地通过意志努力克服困难，将注意维持在学习内容上，这种注意就是有意注意。

有意注意是一种积极主动地服从于当前目的任务的注意，充分体现了人的能动作用，是人们完成学习、劳动、工作的必要心理条件。人主要通过语言来控制和调节自己的有意注意。

有意注意产生时，人的大脑处于紧张状态，需要意志努力，耗能较多，容易引起疲劳。

0～3 岁幼儿注意力发展特点

人在很小的时候就已经具备注视物体的能力，如 1 个月左右的婴儿，有开始注视母亲脸孔或其他鲜艳、活动的物体的能力。在 3 个月时，婴儿能短暂地集中注意某种新鲜事物。

刚出生的婴儿只有无意注意，如将感官朝向声源或光源，这种非条件性的定向反射是人的本能。第二个月后会出现条件性的定向反射，有明显的注意，会对成人的脸和声音感兴趣。出生 3 个月后，随着手脚动作的发展以及对身体控制的加强，婴儿注意的客体范围也越来越大，开始对周围许多事物都产生注意，不过这些注意力的稳定性不强。

当婴儿长到5～6个月时，可以较稳定地注意某件事物，但还不能持久。到20个月后，就可以集中注意15分钟左右。

有意注意在1岁左右慢慢出现，随着孩子对言语的理解而开始萌芽，即使孩子还没有学会说话，也能理解一些简单词汇的含义。以后，随着儿童在社会交往过程中对言语的掌握和使用，有意注意才逐渐发展完善起来。

2～3岁的幼儿注意力进一步发展。注意的广度有所增大，注意的时间也有所延长，最长可达20分钟。在这个时期，幼儿的注意有效性逐渐提高，随着其活动能力的增长，生活范围的扩大，孩子开始对周围的很多事物感兴趣，这就使孩子的有意注意有了进一步的发展，能够较长时间地集中注意于某一事物，能专心玩弄一个玩具，能留心周围人们的语言和行动。同时，由于父母的要求，孩子的注意也开始能服从成人提出的活动任务，因而也促进了有意注意的进一步发展。

处于此阶段的有意注意极不稳定。对年轻的父母来说，在孩子由无意注意转变为有意注意的过程中，必须加以指引和训练，才能推动孩子注意力的发展。

3岁左右孩子的无意注意得到高度发展，有意注意也在逐渐形成。有意注意是在教育影响下发展起来的，大人要给孩子的活动提出一定的目的任务，孩子为了执行大人的指示，实现这些目的任务，就要不断有意识地调节和控制自己的行动，这样有意注意就逐渐形成起来。

但这一时期孩子的有意注意很不稳定，有赖于大人有计划地提出孩子能够完成的各种任务，来组织孩子的注意。游戏是组织孩子注意力的最好手段，带有比赛性质的作业和劳动，在培养孩子注意力上也起着很大的作用。

培养孩子注意力的原则

孩子注意力涣散，并不是克服不了的，只要重视对注意力的培养，遵循培养注意力的原则，采取有效的措施，孩子的注意力是能够得到提高的。

1. 创造安静的环境

幼儿时期，注意力稳定性差，容易受环境影响而转移。良好的学习、生活环境，对孩子注意力培养起着很大作用。因此，在家庭里，要注意创造良好的学习、生活环境，避免分散孩子的注意力。幼儿学习的环境应安静、简朴，避免无关刺激的干扰。当孩子认真看图书、绘画、做事情的时候，家长们要为孩子创造安静的环境。不要开电视和收音机，不要把玩具和糖果之类的东西放在旁边。

2. 拉近距离

孩子的认知能力较弱，太远的刺激物很难产生效果。从视觉注意来说，近距离能够让孩子的视野更多地被刺激物填充，视觉干扰会大大减少，增强注意力的稳定性。因此，新生儿醒来时，家长可以拿一个醒目的东西放到他眼前 20 厘米处让他看。

3. 培养学习习惯

经常在相对固定的时间里安排学习活动，培养孩子逐步地形成学习的习惯。有了学习的习惯，到了学习时间，大脑即自动启动，高速运转起来，于是学习专注。

4. 养成生活的规律

家长要善于在日常生活小事中提高孩子的注意能力，要养成孩子生活的规律性，这对发展孩子注意力的稳定性是很重要的。在家里，无论教孩子收拾、放置物体，或是使用各种活动工具，都要提出具体要求，并且给予具体指导，使孩子做事有始有终，做出结果。

5. 动态更能吸引注意

动态的物体更能吸引孩子的注意，比如飞着的蝴蝶比静止的蝴蝶更容易获得孩子的认知；运动的小汽车比画上的更容易引起孩子的兴趣。

6. 活动形式丰富多彩

单调的刺激会使幼儿很快厌倦而分散注意，对幼儿的教育要采取丰富多彩的形式，寓教于游戏，生动有趣，孩子的注意力自然集中。

7. 互动更能积累注意

和注意关系最紧密的还是互动。正常人具有将“自我”扩大的本能和趋势，更容易接受受自己活动影响的事物。无论哪个年龄层次，能够对自己行为产生回应的事物往往都能够处于注意的焦点，对孩子来说也是如此。

注意力在互动中加强，如果不存在互动，孩子的注意力会很快转移，他们会寻求一些更特殊的事物。但是一旦存在互动，情况就会完全不同。孩子的兴趣会倍增，注意力也会持久。

8. 多次重复

孤立的刺激很容易被遗忘，而重复行为和奖励效应可以强化刺激的效果，增强孩子的注意力和记忆力。

9. 选择适当的刺激物

在培养孩子视觉、触觉和听觉时，要选择一个好的刺激物。比如视觉培养，最好选择颜色鲜艳、色块大、易于区分的刺激物，不要让其他细节吸引孩子的注意力。

0～1岁注意力训练

看妈妈的脸

妈妈可以和新生儿面对面地谈话，让他注视你的脸，慢慢移动头的位置，设法吸引新生儿视线追随你移动。确定孩子在注视自己的脸后，对孩子伸伸舌头，重复几次，幅度应该稍微大点，确保孩子能清楚地看见，动作不应太快，看看孩子有何反应，是否模仿；妈妈张大嘴，做打呵欠状，重复几次，打呵欠动作要明显，看孩子有何反应，是否模仿；妈妈眨眨眼睛，重复几次，看看孩子有何反应，是否模仿……妈妈可以做多种面部动作引起孩子的注视。

看红色的球

可给新生儿看红色绒线球，一般距新生儿15～20厘米，慢慢抖动红球，以引起新生儿注意，再慢慢移动红球，让新生儿追视，这种方法可以训练新生儿的视觉能力及注意力。

参观自己的家

孩子出生头几个月，总是躺在床上，视线极其狭窄，时间久了就会感到厌烦。妈妈可以抱起孩子参观自己的家。妈妈抱着孩子一边看，一边用手指着孩子看的物体对他说："这是我们的家。这是爸爸妈妈的床，这是宝宝的床，这是宝宝的小玩具，这是宝宝的大熊猫……"让孩子看看屋里的摆设，如果孩子对某件物品表示出兴趣，妈妈可以抱着孩子在该物品前停留较长一段时间，使孩子能够凝视，锻炼视觉能力。整个过程时间控制在 4～5 分钟之内，不宜过长，否则，会引起孩子疲倦。

抓铃铛

妈妈事先准备一个拨浪鼓、铃鼓之类的玩具，再准备两条丝带，一条红色的，一条黄色的，或是其他颜色，但颜色都要鲜艳明亮。妈妈将孩子放在床上。然后给铃鼓的两端系上红丝带和黄丝带。把红色丝带的一端挂在孩子胸部的上方，铃鼓距离孩子面部 15～25 厘米，铃鼓的另一头丝带垂下来，垂落在孩子手边。然后妈妈摇动丝带，吸引孩子注意，并让他试图去抓。

七色光

在朝阳的窗户旁放置一个分光棱镜，让彩虹中的七色光都呈现在地板上。当然，你要把孩子放在能看见这些丰富色彩变化的位置。强烈的色彩对比和色彩运动将吸引孩子的注意力，并能训练他的视力。

看黑白脸谱

我们还可距新生儿 15～20 厘米让新生儿看印有黑白脸谱、条纹及同心圆图形的卡片，促进新生儿的视觉分辨能力，看时家长可观察新生儿注视每个图形的时间，以了解新生儿比较喜欢看哪一种图形，一般新生儿都比较喜欢看人的脸谱。

用声音和玩具吸引

在新生儿觉醒时，妈妈可在新生儿耳边距离 10 厘米左右，轻轻呼唤小孩子，使他听到你的声音后转过头来，还可以用能发出柔和声音的吹塑玩具、彩色旋转玩具、色彩鲜艳的球，悬挂在新生儿的床头，吸引新生儿听和看。

1～2岁注意力训练

和玩具捉迷藏

妈妈先准备几样孩子熟悉、喜爱的玩具，如玩具小熊、小鸭子等，然后一个个地拿给婴儿看，并问："这是什么?"得到回答后接着说："今天我们要用玩具小熊来玩游戏。"然后以同样的方式把其他玩具拿给孩子看。

妈妈当着孩子的面，把玩具放在不同的地方。并且对孩子说："所有的玩具都藏起来了，宝宝快去把他们找出来。"为了强化婴儿记忆，一开始也可以让孩子自己藏玩具，然后再去找。即使妈妈藏玩具，也一定要让孩子看见，并且藏的范围不宜过大，孩子每找出一件玩具，妈妈都要及时给予鼓励。

给娃娃分瓶子

准备数张图片。图片上有一大一小两个娃娃，一大一小两对瓶子。妈妈给孩子一支铅笔，让孩子用笔画线，把大瓶子和大娃娃连接起来，小瓶子则和小娃娃连接。这个游戏也可以用实物进行。

帽子戏法

拿一顶帽子，帽子深到能藏住物体，又能使小孩触到其底部。往里扔积木，边扔边数数，或指出它的颜色，或按特定的顺序扔。

手指游戏

利用手指木偶来表演一幕短剧，完毕后，将这些木偶套在孩子的指头上。故事会吸引孩子，有助于他将注意力集中于某个事物。应该鼓励他模仿，让他也来一次。

2～3 岁注意力训练

美丽的夏天

在一个晴朗的日子带上孩子去户外，让孩子观察所见的事物，启发孩子："夏天什么花儿开了？""荷花是什么颜色的？荷叶是什么颜色的？""夏天大家穿厚衣服还是薄衣服？"

投球入瓶

先找一个小口的玻璃瓶以及几十个弹珠，把这些东西放在桌上，让孩子把弹珠放进瓶子里，越快越好。如果孩子进行得很顺利，家长可以增大游戏难度，比如选择口更小的瓶子，用黄豆代替弹珠等。

数数

让孩子对大量的信息进行跟踪、思考。比如在大街上玩耍时，让他们数一数路边电线杆的个数，以及在一定时间里路上经过的汽车或自行车的个数等。

"放电影"

具体的做法是让幼儿回忆一段时间里所经历过的各种活动，如在晚上睡觉之前，让幼儿回忆一下从早上到晚上这一整天都进行了哪些活动，有没有印象深刻的事情等。

第3章

会观察的孩子更聪明
——观察力训练

解放孩子的眼睛

0～3岁幼儿观察力发展特点

激起孩子的观察欲望

提高观察力的好方法

0～1岁观察力训练

1～2岁观察力训练

2～3岁观察力训练

人们认识事物，总是从观察开始，有了观察，便有了注意、记忆、想象和思维等。如果我们把观察比作蜜蜂采花粉，那么思维等心理活动就好比将花粉酿成蜜，没有花粉就酿不出蜂蜜；没有良好的观察，思维就会因缺少材料而得不到良好的发展。所以观察是认识的基础、思维的触角。

解放孩子的眼睛

人们常用“聪明”二字来概括人的智力。顾名思义，聪明就是耳聪目明的意思，代表良好的听觉能力和视觉能力，即敏锐的观察力。

对一个正常人来说，有80%以上的外界信息是由视觉和听觉神经传入大脑的，人类获得的知识绝大多数也都要通过听觉和视觉。

因此，由视听组成的观察力，是获取信息和知识的主要渠道，同时也是人类智力结构的重要组成部分，是一切科学发明和艺术创造的前提。

人们认识事物，总是从观察开始的，有了观察，便开始有了注意、记忆、想象和思维等。如果我们把观察比作蜜蜂采花粉，那么思维等心理活动就好比将花粉酿成蜜，没有花粉就酿不出蜂蜜；没有良好的观察，思维就会因缺少材料而得不到良好的发展。

所以观察是认识的基础、思维的触角。敏锐的观察力，对于科学家、文学家、艺术家等是必不可少的条件，更是每个孩子应当具备的一种重要的能力和习惯。

陶行知说“要解放自己的眼睛”，指的就是要用自己的眼睛去观察自然、观察社会，在观察中思考，在思考中实践、探索。

观察，是通过人们的感官或仪器，有目的、有计划地对自然状态下的客观事物进行系统考察和描述的一种活动。

观察，是人们认识世界、增长知识的主要手段，是人类最早使用的和最基本的研究方法之一，它在人们的一切实践活动中都具有非常重要的作用。

观察，是智力活动的源泉和门户，人们通过观察，获得大量的感性材料，获得有关事物的鲜明而具体的印象，经思维活动的加工、提炼，上升到理性认识，从而促进智力的发展。

俗话说：“处处留心皆学问，勤察深思出真知。”观是看，察是想。观察问题，不仅仅应该知道事物是这样，而且必须知道为什么是这样。

人有良好观察力，都是平时处处留心，认真观察的结果。很多举世闻名的科学家、艺术家、作家，他们所取得的成就都离不开仔细观察。

俄国伟大的生理学家巴甫洛夫在他实验室建筑物上刻着："观察、观察、再观察。"

劳仑兹说："对科学家最大的恭维莫过于对他说：'哎呀！我怎么没看见？'"

可是，生活中，我们很多孩子的观察能力并没有得到很好的开发和训练。比如说小学生害怕写作文，这是有目共睹的事实。许多孩子的作文乍一看，语句通顺，用词准确，可是仔细一看，便发现描写不细致，不周到，空空如也，草草了事。

这其实并非不会写，原因就是没有到生活中去亲身体验，没有仔细观察，所以写出的文章没有更多的材料，短小却不精美。只要学生学会到生活中仔细观察，写作素材就会如长江之水滚滚而来。

法国著名作家莫泊桑在写作起步时，可以说是一窍不通，虽然看过很多的书，但是从来没有写过一篇不同寻常的文章。后来，他拜文坛大师福楼拜为师。福楼拜让他去观察家门口的马车，莫泊桑观察了三天还是看不出名堂。老师指点他说："虽然每天都有马车经过家门口，但通过对不同时间、不同环境、不同人的观察，就会有不同的收获。"莫泊桑恍然大悟，从此写作水平大大提高，终成一代名家。

其实，很多有名的作家之所以能够有材料可写，都是在生活中观察得到的，生活就是创作的源泉，需要我们去观察、去发现。

观察，对孩子认识事物、增长知识、发展智力有着深远的意义。教育孩子懂得怎样将感知与思维相结合，是父母不可推卸的责任。孩子只有拥有了仔细观察现象的习惯，并能通过现象抓住本质，才算真正学会了学习。

父母应在日常生活中努力引导孩子去细心观察各种事物，获得各方面的感性知识，培养敏锐的观察能力和习惯，打开孩子智力发展的大门！

0～3岁幼儿观察力发展特点

根据育儿专家的研究发现，0～3岁幼儿观察力发展有以下的特点：

- 0～2岁时，由于孩子广泛地接触事物，观察力有了较大提高，能够观察一些简单的事物或图片，此时幼儿的观察力持续稳定地发展。
- 0～2岁的幼儿喜欢观察颜色鲜艳的东西，如花园里的鲜花、色彩艳丽的床单等，不喜欢看颜色单调的东西，比如白色的墙壁或天花板、只有黑白色的水墨画等。
- 0～2岁的幼儿观察还跟动作分不开，还不善于服从于一定的任务，而且观察也往往不准确、不全面。
- 1岁多时，幼儿已能观察到一定距离和方向的物体。
- 1岁多的幼儿不喜欢看小而模糊的事物，喜欢看大而清晰的物体图像。
- 2岁时，幼儿就能对周围情况的变化和影响有所发现。那些位置明显的物体容易被观察到，如床上放的玩具、桌上摆的电视、墙上挂的钟表、身上穿的衣服等，而那些位置不明显的东西，则容易被忽略。
- 3岁开始，幼儿的观察力已具有初步的表现，但观察的目的性常常是不自觉的。
- 3岁左右的幼儿喜欢观察活动的物体，不喜欢观察静止的物体。如他们喜欢看行驶的汽车、小鸡捉虫、小猫玩球、小狗奔跑、金鱼游泳等，而对于静态的画面表现得很冷淡。

- 3岁时，幼儿还不善于从整个事物中发现其内在的联系和一般的性质，观察概括的能力较差。
- 3岁左右的幼儿容易观察到物体的外形，而其它特征容易被他们忽略。例如，一堆物品中，孩子容易将形状相同的物品归为一类。差别大的物体也容易被观察出来，差别小的物体常常观察不到。

激起孩子的观察欲望

完成观察任务的必要条件之一是要让孩子发挥主体能动性。而若想孩子能主动观察事物，就要激起孩子积极地去观察某事物的强烈愿望。要做到这一点，应该从以下几个方面入手：

1. 为孩子提供良好的观察环境

父母要积极主动地为孩子提供一些观察条件，如果家里条件允许的话，可在家里增设图片展览区、种植园、自然角、科学发现室等，带孩子参观超市、商场、植物园、动物园、公园，还可以按季节组织孩子郊游，参加一些画展、花展等有趣的活动，让孩子在实践活动中增加观察的兴趣和能力。

2. 组织多种多样、形式丰富的游戏活动

家长可以利用游戏、绘画、图片、幻灯、电视节目以及各种实物，使孩子练习观察，学会各种有效的观察方法。在这些观察活动中，要有意识地引导孩子，比较观察对象的区别和联系，鼓励孩子自己提出观察任务，找出观察对象的特点，区分不同和相同之处，学会从感知的东西中提炼出最重要的东西，即本质和内部联系。

3. 要求观察对象本身要有一定的吸引力

家长为孩子选择观察对象时要注意两点：首先，选用的观察对象要具有一定的新奇性、复杂性。如果让孩子观察的对象是十分简单、熟悉的，就会使孩子产生厌倦心理，不愿去观察它。其次，如果观察的对象太陌生、太复杂，与孩子现有的知识经验水平差距太大，也同样不能引起孩子的观察兴趣，反而会产生紧张和回避的心理。

4. 让多种感觉器官参与认识活动

在引导孩子观察时，力求让孩子的多种感觉器官参与认识活动，要尽量鼓励孩子自己去看、听、摸、闻，并要求孩子用语言表达自己的观察印象。如观察水果时，可以让孩子用眼睛看、用手摸、用口尝，从而获得各种水果的形状、颜色、手感和味道。

5. 以情感和语言感染孩子

在观察过程中，家长还可用自己的情感和语言来感染孩子，使他产生想看的愿望。同时，家长要有意识地丰富孩子的词汇，在讲述过程中适当使用孩子不熟悉的名词、动词、形容词等，发展孩子的连贯性语言，纠正错误的发音与用词不当之处，提高其语言表达能力。在观察过程中应尽量让孩子提问题，独立地发表自己的意见。当孩子产生兴趣后，注意力就会集中。

提高观察力的好方法

敏锐的观察力是想象力、创造力的源泉，对孩子今后的智力发展有重要意义。那么父母该如何培养孩子的观察能力，怎样才能使孩子勤于观察和善于观察？

1. 培养孩子的观察兴趣

“兴趣是最好的老师”。培养观察兴趣是提高观察能力的前提。父母先要通过各种手段和活动引发孩子浓厚的观察兴趣。上文已经给了一些激发孩子兴趣的方法，有兴趣的家长不妨实践一下。当孩子有了兴趣之后，观察客观事物就会主动、积极。

2. 教给孩子正确的观察方法

（1）顺序观察法。任何事物的发生、发展通常都有一定的时间顺序，如动、植物的生长。让孩子认识一个事物发展的全部过程，建立一个完整的概念，使孩子养成按顺序观察的好习惯。

（2）反复观察法。对于某些难以理解的现象或事物，可让孩子进行重复观察，比如观看体育比赛。反复观察能形成孩子对事物的整体认识，并掌握复杂的、难度大的各个环节。通过反复可以强化孩子大脑皮层对所观察的事物形成暂时性的联系，并能使各个暂时性联系之间相互贯通。

（3）对比观察法。比较是一个鉴别的过程，只有通过比较才能提高孩子的观察能力。比如，让孩子观察其他孩子的绘画作品，并同自己的作品进行比较，肯定好的，指出不足。

（4）重点观察法。在事物完整的发展过程中，必定有一个环节是主要的。如植物开花是其从生到死过程中的最主要的环节之一，这个环节是重点观察的对象。这些训练对培养孩子抓主要问题，抓中心环节，掌握大局都有好处。

3. 协助孩子做观察记录

太小的孩子还不会写字，自然不会写日记，但父母可以通过其他方式帮助孩子记录。比如用简单图画的方式记录家中喂养的小动物或培育的植物的生长情况，让孩子对所观察的事物更有兴趣。而且记录需要有规律，这样还有利于培养孩子逐渐养成细心观察的习惯。

孩子有了观察的兴趣和习惯，就会勤于观察；掌握了观察方法，就会善于观察。这样长期坚持认真细致的观察，孩子的观察能力就会不断提高。

0～1岁观察力训练

婴儿车

在婴儿推车的支架上系上些环状物，将小推车设计成了一个活动中心。推车上的东西有助于孩子形成实物的观念，同时能训练他眼光的跟踪能力。注意所系物品不要伤害到孩子。

碰触婴儿床

在婴儿床四周挂一些小玩具和小东西（如小铃铛），当婴儿移动身体时，确保他和床有偶尔的接触。每个孩子都是观察者和实验家，和婴儿床偶尔的接触能鼓励他的探索精神。

布娃娃

可以做一个或买一个布袋娃娃，上面应画有逼真的人或动物面孔。最好是用质地柔软的材料制作娃娃。婴儿从出生不久就喜欢看人和动物的脸，并想与之接触，布娃娃给他提供了一个新渠道。

发声的玩具

在婴儿床或游戏围栏上系一根有弹性的绳子（绳子要短，以免勒住孩子），绳子上再系些铃铛、拨浪鼓之类能发出响声的东西。当孩子踢床时，请鼓励他观察动作与响声之间的联系。这会让他知道声音是有来源的，同时教他认识因果关系。

弹子球

把一些色彩鲜艳的小弹子球放入小塑料瓶中，盖上盖子。倾斜或翻转小瓶，让孩子看到弹子球是怎样运动的。这是一种视力游戏，有助于增强孩子的视力跟踪能力，有助于孩子将图像和声音联系起来。玩时要注意安全，别让孩子吞食弹子球。

玩具倒立

将一些孩子喜欢的玩具倒放在桌上，当着他的面再将玩具倒过来，并让他也试一下。这个游戏有助于孩子观察能力的发展：物体都是相同的，只是方向有所不同。

1～2岁观察力训练

摸一摸

把各种不同材质、不同形状的东西给孩子玩，让他在玩的过程中有不同的感觉，如圆形的、方形的、三角形的、木头的、塑料的、棉质的……孩子玩玩具时，妈妈可以在旁边说话，如“毛巾多柔软啊”、“皮球是圆的”等等，既加深了孩子对事物的印象，也发展了孩子的语言能力。

找东西

准备一个大一点的纸盒子和一个空罐子，把孩子感兴趣的两件东西分别放在纸盒子和罐子里。放的时候要当着孩子的面，然后让孩子去找其中的一样。如果孩子完成得很好，大人还可以再增加一个物品和相应的容器，3个玩具一起玩。

细节观察

准备两块一模一样的毛巾，给孩子看两件玩具（两件玩具有比较明显的大小区别)，先告诉孩子玩具的名称，然后背着孩子把玩具分别藏在毛巾下，让孩子猜其中一样玩具在哪块毛巾下面。

洗石头

采集一些形状、大小、质地不同的小石头，把它们放在水盆里洗，一边洗让孩子观察它们浸湿时颜色的变化，同时也可以教育孩子颜色、大小和形状的概念。注意不要让孩子误吞下小石子。

小车下山坡

用一块硬纸板做成一个斜坡，让孩子看小玩具车如何从斜坡上滚下，一旦他明白这一点，就改变坡度，看看车子怎样跑得快，怎样跑得慢。这个游戏展示了因果关系和地心引力。

水龙跳舞

如果有条件的话，可以带孩子一起到院子里浇水，让他看你如何让水“跳舞”，如何让水溅起来，甚至如何用水做出一道彩虹。这是一个展示因果关系，发展精细动作技能，教授尺寸和形状的概念的游戏。

小汤匙潜水

在一个塑料碗里装满水，把一个金属汤匙放进去，再把一片铝箔和一块木头放进去，看看哪个会沉下去，哪个会浮起来。这个游戏展示因果关系，培养观察能力，教授浮力的概念。

2～3 岁观察力训练

看图片念儿歌

给孩子看小动物或植物的图片，让孩子注意观察图片上动植物的细节，然后教孩子念儿歌，比如小鸭子的儿歌："鸭子的嘴巴扁扁的，鸭子高兴就嘎、嘎、嘎；鸭子的嘴巴硬硬的，要吃东西就嘎、嘎、嘎。"边教孩子念，边做动作，也可以给孩子戴上手套直接配合儿歌跟随做动作。通过儿歌引导孩子观察事物的外观特征。

找错误

提前准备一些孩子熟悉的玩具，然后制造一些缺损，比如小白兔没有耳朵、娃娃没有胳膊、小汽车少了轮子、小飞机少了翅膀。先提问孩子："这些是什么？"等孩子回答以后再问孩子："它们对不对？哪儿不对？少了什么？"

如果孩子不能很好地完成游戏，可以把难度降低，设计一些对称型缺损。比如小白兔只是少了一只耳朵，小汽车只少了一个轮子，这样易于孩子观察出错误。

第4章

孩子特有的超强武器
——记忆力训练

每个孩子的大脑都是一个拥有强大记忆潜力、能够储存海量信息的记忆宝库，只待父母用科学的方法去启迪和开发。只要掌握了正确的记忆方法，并加以训练，任何人都可能拥有过目不忘的记忆力。每个孩子都可以轻易地记住大量知识，快速精通多种语言，仿佛在头脑中携带了一个储存丰富的电脑，而且比电脑的作用更强大，使用起来更方便。

强大的人脑记忆宝库

记忆力是人脑存储和重现经验知识的能力，是学习和工作中不可缺少的一种重要的心理品质。很多父母都希望自己的孩子能拥有超强的记忆力，这就意味着可以轻松获得学习知识的能力。人类的大脑究竟能记忆多少东西呢?

据香港东方日报报道，英国一名27岁男子拥有比电脑还快的运算能力、超强记忆力和语言学习能力，但无法与其他人正常交流，也无法理解正常人的感情世界，原因是他患上罕有的“学者综合症”。

患有自闭症的塔米特，在婴儿时期经常用头撞墙，大哭不止。他三岁时一日突然痉挛昏厥，医生确诊他有癫痫症，从此只能留在家中。塔米特四岁时得到一本算术儿童图书，从此进入一个只有自己的数字世界。随着年岁增长，塔米特变得越来越自闭，不知如何和人打交道，甚至不敢正视别人的眼睛。

对数字特别敏感的塔米特，曾以五小时零九分的时间，背出圆周率小数点后二万多位，刷新欧洲纪录；他又懂十种语言，七日内就学懂冰岛语。

医生诊断他患上“学者综合症”，患者整体认知功能受损，但有特殊的天赋，世上只有五十人患有此症，但暂时只有他可向外界描述自己的思想活动。

拥有如此令人羡慕的惊人记忆力，却不能过正常人的生活，真不知是可喜还是可悲。相信大多数父母宁愿让孩子做一个记忆不好但生活快乐的普通人，也不愿让孩子得上这种所谓的“学者综合症”。

人类的记忆力究竟能有多强大？难道只有不正常的境况下才能获得超强记忆力吗？

当然不是。世界上也有不少正常人拥有超常的记忆能力。

据报道，来自乌克兰秋沃夫市的安德烈·斯卢沙齐克，运用自己独创的记忆秘诀目前创造了两项与记忆力相关的世界纪录。

他创造的第一项世界纪录是，一口气背诵出圆周率小数点后大约100万位的数字，一举将59岁的日本人秋良原口于2005年7月

1日创造的背诵小数点后83431位数字的原纪录远远抛在身后。在正式挑战之前，安德烈花了整整6天时间，将一本250页的书籍完整消化之后，终于将100万位圆周率数字全部“输入大脑”。

安德烈创造的第二项世界纪录是，在最短时间（两分钟）内，将5100个数字无一遗漏地全部记住。

因此，他当之无愧地成为“地球上记忆力最强的人”。而安德烈认为他的大脑潜力还远未开发，他的下一个目标是背诵500万位圆周率数字。同时，他还有另外2项计划：以比电脑还快的速度解答数学难题；背诵任意一篇课文，并且快速统计它所包含的字母数，分别包括元音和辅音字母。

无独有偶，在我国也有这样的记忆力超强的人。

据报道，家住肇庆的梁建先生具有默写世界上最长英语单词的超强记忆力，并得到了肇庆市公证处颁发的公证书。

这个世界上最长的英语单词，其中文意思为色氨酸合成酶A蛋白质（这是一种含有267种氨基酸的酶）。这个单词长达1913个字母，密密麻麻地写了三十多行，几乎占满两张A4纸。

除了能记住最长的英语单词外，梁先生还能够记住600多个百家姓；识别世界上所有国家的国旗和国徽；记住从1600年到2100年的全部星期；同时，他还能记住圆周率小数点后的12000位数字。

一般来说，良好的记忆力乃是循序记住某些材料，并能及时正确地回忆，尤其是善于把所学才能与经验融合起来，纳入已有的知识系统中，以便在需要的时候，从记忆的仓库中检索出来。通常人们都有记忆一些有关学习和生活的经验和知识的能力，但有些人的记忆能力则更强一些。

据科学研究，人的记忆力的强弱，往往与记忆的条件和记忆的方法有密切关系。上文提到的两位正常的"记忆超人"对此都有自己的心得。

当别人问到世人最为关心的"记忆秘笈"时，乌克兰的安德烈先生透露道："无论是数字、文本、图片还是声音，大脑对此的记忆过程都是连续不断的。在此期间，大脑不时地调用埋在最深处的各个零星的'记忆体碎片'。曾有几次，我在观摩了几名神经外科大师的手术之后，当场便记住了他们的每一个动作，并于随后精确地重复了一遍。每当我记忆的时候，我用一种特殊的方式集中注意力：闭上双眼，在脑海中不时闪现所要记忆的目标：几页文本、几行数字或者几幅图画。"

肇庆的梁先生说："其实只要掌握了正确的记忆方法，每个人都能把它（世界上最长的单词）记住。比如 anticipate 这个单词是预料的意思，可以分成 ant，ic，ip，ate 几部分，记成蚂蚁吃 IC 卡 IP 卡是很难'预料'的事情。在记忆时，先将这些字母转化成图像，然后再进行记忆。"

如此说来，只要掌握了正确的记忆方法，并加以训练，任何人都可能拥有过目不忘的记忆力。这样我们就可以轻易地记住大量知识，快速精通多种语言，每个人都仿佛在头脑中携带了一本厚厚的辞海，而且比辞海的作用更强大，使用起来更方便。

每个孩子的大脑正是这样一个拥有强大记忆潜力，能够储存海量信息的记忆宝库，只待父母用科学的方法去启迪和开发。

早期记忆训练作用大

3 岁的女孩星星特别喜欢让妈妈给她讲故事。但妈妈惊异地发现任何故事讲过一遍后，星星就一字不差地记住了。如果在讲第二遍的时候稍微有和上一次讲的不一样的地方，星星马上就会不高兴地说："妈妈，不是这样的。应该是……"她总是能说出和妈妈第一次讲的一模一样的内容。每个给星星讲过故事的人都惊叹道："天哪，星星的记忆力太强了，简直是过耳不忘啊！"小孩子的记忆力难道都这么好吗？可是阳阳妈妈说4岁的阳阳就没有这么好的记性，而且还不如小时候记忆力强了呢。

原来星星的妈妈在星星刚一出生时就把房间的墙壁上挂满了字画、儿歌，妈妈只要一有时间，就会抱着她给她念儿歌、读诗。大约6个月的时候，星星就对书本、报纸等表现出了强烈的兴趣。11个月左右时，就会用柔软的小手拿起卡片书，一页一页艰难地翻来翻去。看到有数字的卡片，还用手指着，嘴里发出"嗯、嗯"含混不清的声音装做认识的样子。

阳阳的妈妈虽然也给阳阳读故事、念儿歌，但因为平时工作繁忙等原因，总是不能坚持每天都给孩子读。这在无形中使阳阳记忆力的高速发展受到了阻碍。

可见，早期的各种教育活动对幼儿记忆能力的训练有着相当重要的影响。家长应该了解孩子在成长过程的不同阶段记忆力都表现出什么样的特点，从而把握最佳培养时机，使孩子的记忆力得到最大程度的发展。

0~3岁幼儿的记忆特征

幼儿的生理和心理尚未发育完善，在记忆力的表现上也和成人有很大的区别。父母要发展孩子的记忆力，就要先了解孩子的记忆特点。

总体来说幼儿的记忆表现出以下特征：

1. 无意记忆占主导

幼儿的记忆主要是无意记忆，就是指在生活中自然而然记住了一些事物，没有什么明确的记忆目的。他们只是因这些东西本身生动形象，具体鲜明，能引起他们强烈的情绪体验，使他们自然而然地记住了，并不懂得因别人的要求或自己的需要而去记忆。幼儿在游戏中的无意记忆运用最多。入学后，孩子在学校正规教育影响下，有意记忆才开始占主体。

2. 偏重于形象记忆，抽象记忆尚未建立

形象记忆，就是以感知事物的外在具体形象如形状、颜色、大小等为内容的记忆。这种记忆为人脑提供丰富的形象刺激。要幼儿记住什么东西，最好有鲜明的形象特征。只有等幼儿的语言能力充分发展，对抽象事物的记忆才能被建立。

3. 以机械记忆为主，意义记忆较少

幼儿思维水平低，对事物的理解力差，词汇量少，因此，记忆带有很强的具体形象性，也决定了幼儿记忆的机械性。他只能根据事物的外表，采取简单重复的方式进行记忆。但也不能因此而得出幼儿只有机械记忆而没有意义记忆的结论。

随着孩子语言能力的发展，他的意义记忆发展逐步占据记忆的主体地位。实验证明，4 岁后的幼儿，在复述自己熟悉的故事时，往往不是原样照背，而是进行了或多或少的逻辑加工，有时用熟悉的词语代替生词，有时对情节进行增删。这表明孩子的意义记忆在发展升级。

4. 记忆准确性差，抓不住本质和重点

由于受其他神经系统发展特点所制约，幼儿的记忆能力往往呈现出记得快也忘得快，精确性差的特点。他们能识记和再现的内容，大多是富有情绪色彩的东西，而本质的内容却漏掉了，而且往往只抓住具体特征的一个最鲜明的方面，综合记忆能力差。另外对主观愿望、现实状况常常分不清，这样往往造成记忆材料的歪曲。

好记忆力离不开好营养

大脑是人体最复杂的器官，也是工作强度最大的器官。每天大脑中流过的血液量占心脏输出血量的15%。比其他器官多得多，特别是在大脑工作时更需要大量的血液。

众所周知，血液的功能除了输送养料外，就是向身体各部分送氧气。如果大脑缺氧就会造成眩晕，严重影响思维和记忆。

一般情况下，与大脑争夺血液的最大竞争者就是胃。胃在消化的过程中，需要大量血液。这就是为什么很多人吃饱饭后就昏昏欲睡的缘故。国内外的调查都发现，那些特别能吃的幼儿，一般智力发展都不是很正常，更没有智力超常的现象。

因此，家长要尽可能不让孩子暴饮暴食。否则不但会伤害肠胃，同时还影响大脑的工作和记忆的发展。尤其是不要让孩子过多地吃零食，这种习惯很不好，它不仅会使胃肠经常处于工作状态中，得不到休息，而且还与大脑争夺氧气。同时，很多零食没有营养却含有大量脂肪，进食过多则可能使脑部脂肪堆积，这样也影响智力的发展。

但是，少吃不等于不吃，好记忆力离不开好的营养，孩子大脑的发育需要丰富的营养，尽管在量上不需要成人那么多，但在种类上要越广泛越好。

家长要经常给孩子食用米面、水果、蔬菜、蛋、肉、鱼等营养食品，还要配合有各种其他的食品，如香菇、木耳、核桃、杏仁等，千万不能让孩子偏食。偏食的孩子往往会营养不良，影响大脑的发展和正常工作。

另外，在孩子长大一些后，家长还要经常为孩子提供粗粮，现在的食品制作得过于精细，纤维含量少。孩子吃些粗粮可以通过牙齿的研磨锻炼咀嚼能力，同时对脑和眼睛的发育有很大帮助。

利于增强记忆的食物有：

牛奶

牛奶富含蛋白质、钙，及大脑所必需的氨基酸。牛奶中的钙元素最易被人体吸收，是脑代谢不可缺少的重要物质。此外，它还含有维生素 B_1 等元素，对神经细胞十分有益。

鸡蛋

大脑中乙酰胆碱含量与大脑活动功能、记忆力强弱密切相关。实验证明：当蛋黄中所含的丰富的卵磷脂被酶分解后，能产生出丰富的乙酰胆碱，进入血液又会很快到达脑组织中，可增强记忆力。科学研究证实，每天吃 1～2 只鸡蛋就可以向机体供给足够的胆碱，对保护大脑，提高记忆力大有好处。

鱼类

可以向大脑提供优质蛋白质和钙，淡水鱼所含的脂肪酸多为不饱和脂肪酸，不会引起血管硬化，对脑动脉血管无危害，相反，还能保护脑血管，对大脑细胞活动有促进作用。

菠萝

一些音乐家、歌星和演员最喜欢的水果就是菠萝，因为他们要背诵大量的乐谱、歌词和台词。而菠萝中含有很多维生素 C 和微量元素锰，常吃有生津、提神的作用，被称为能够提高记忆力的水果。

充足的氧气和睡眠

氧气

氧气是人类生存必不可少的物质之一，特别是人们在进行紧张的工作、学习和各种体育竞赛时，需要的氧气超出平常的几倍。如果氧气供给量不足，会导致注意力不集中、易烦躁、头晕脑胀、记忆力明显下降。因此，家长一定要让孩子在空气流通状况好、清新的环境里学习，尽量不要门窗紧闭。如果条件允许，家长最好让孩子在户外学习，如到公园、郊外、树林、花草丛中，这样的环境氧气充足，空气中污浊少，对家长和孩子都有好处。

睡眠

睡眠也是影响记忆力的重要因素。睡眠是人恢复体力和脑力的"加油站"，是解除身心疲劳的最基本方式。所以，要想有充沛的脑力去学习、工作，就必须要有充足的睡眠。

对于孩子，睡眠又有特殊的意义。在幼儿期，人的大脑尚未发育完全，而睡眠有利于大脑的发育，同时人的生长素也是在睡眠中分泌的，如果缺乏睡眠，孩子的大脑和身体的发展都会受到影响。

不同年龄的幼儿需要的睡眠时间是不一样的，刚出生的婴儿每天需要 18 个小时以上的睡眠；2～3 岁的幼儿每天需要 14 个小时左右的睡眠；3～4 岁的幼儿需要 12 小时左右的睡眠。

现在不少幼儿经常晚上看电视到半夜，这是相当损害幼儿大脑的，也会严重影响幼儿记忆能力的发展，这种状况家长一定要重视并及时改变。

0~1岁记忆力训练

躲猫猫

这个游戏应经常玩，不过要记住经常变化其中的细节。可以用报纸、杂志、罐子或盘子来做躲猫猫游戏，将你的一边脸藏起来，然后问："妈妈在哪儿?""孩子在哪儿?"这一游戏既增进了情感又训练了记忆力，从各个方面来看都有益处。

浴巾中有什么?

这个游戏可作为洗澡过程的一部分。把孩子洗澡时玩的玩具包入浴巾，把它们排在浴盆或水槽边，让孩子去发现里面有什么。可在里面放上他的洗澡香波瓶或一支牙膏。

学拍手

家长按各种不同的节奏拍手，让孩子认真地听，拍完后让孩子把自己听到的拍出来。

神奇的小盒

在一个漂亮的小盒子里放上五颜六色、形状各异、材质不同的物体，妈妈的项链、小镜子、口红等都是好玩意儿。妈妈先打开盒子让孩子看看里面有些什么，然后盖上盖子，然后更换盒中的物体引起孩子的兴趣。

记住自己的名字

游戏时，先给宝宝做一些示范，比如叫爸爸的名字，爸爸马上应答；叫妈妈的名字，妈妈马上应答。然后叫宝宝的名字。如果宝宝听到呼叫后不懂应答，可以告诉宝宝："宝宝，妈妈在叫你。"如果宝宝对自己的名字有反应，就对宝宝提出表扬和夸奖。

1～2 岁记忆力训练

跟读

家长朗读句子，让孩子跟随着读。

摸刷子

在一个中等大小的盒子里放一把梳子、一把牙刷和一把硬毛刷，让孩子自己去摸索。这个游戏提供一种很好的触觉经验，并且加强记忆力。

袜子在哪里?

根据每个抽屉里的衣物，在孩子的衣柜外放上相应的图片，并在每张图片上标出相应物品的名称，等到要把抽屉里的袜子（内衣或衬衣）拿出来时，就问孩子在哪里可以找到袜子。这个游戏锻炼记忆力和培养良好的生活习惯。

地下的玩具狗

这是一个可训练记忆力、激发想象力和培养社交能力的好游戏。开始时用孩子最喜欢的毛绒玩具作示范，让毛绒玩具在毯子下"走"。如果孩子自己不去找玩具，可以帮他去找。

谁在叫?

用孩子最喜欢的会叫的玩具玩捉迷藏游戏。开始时给他看两个玩具，一个会叫的，另一个不会叫但差不多大，把两个玩具放在毯子底下，让孩子找到会叫的那一个。必要时，让玩具在毯子底下发出声音，给孩子以提示。

帽子里的玩具

把孩子最喜欢的 3 个玩具放入帽中，然后悄悄地拿走 1 个。让孩子看看帽子，并问他少了哪一只。

2～3 岁记忆力训练

复述故事

家长把故事讲给孩子听，听完后让孩子复述出来，要求幼儿至少复述出故事的 50%。如果孩子没有达到，应该再进行训练。

说出不同的声音

录下家中至少 4 种不同的声音，如：厨房里水龙头的滴水声或大门开关的声音。给孩子播放录音带，并让他说出每种声音的名字。如果他能轻松叫出名字的话，让他猜一下这些声音是什么地方发出的。

讲故事

挑一个孩子喜欢听的睡前故事，你先读一遍，然后让孩子“读”给你听。提醒他，这并不需要他懂得句子的意思，或者正确说出每一个单词，他可以利用图画作为线索或复述一下故事。这个游戏可以提高记忆能力。

城市 ABC

与孩子逛街时，让他带着汉字卡片，在路牌、商店标牌、公告栏甚至杂货店等寻找相匹配的汉字。他掌握后，数一数他找到了几对。这个游戏可以提高汉字辨认和记忆能力。

给日子取名

在一张纸上按顺序写下一周的每一天，边写边用手指着它们，说它们的名字，告诉孩子今天是星期几，然后让他指出该日的名称和第二天的名称。这个游戏可以加强对日期的理解，提高记忆、排序和集中注意力的技能。

图形复原

首先准备一些小棒，家长让孩子看自己把小棒拼成一个图形，图形拼好后，让孩子看 15 秒，然后将图形拆掉，让孩子在 30 秒内复原。

第5章

想象是创造的起点
——想象力训练

孩子的想象力是智力的重要成分，聪明的孩子具有丰富的想象力。孩子如果缺乏想象力，就不能很好地掌握知识，也缺乏创造力。因此，父母一定要注重孩子想象力的培养和提高，把孩子培养成为富有想象力、创造力的人。

0~3岁幼儿想象力的特征

想象力是指对头脑中的表象进行加工、改组，从而创立新思想、新形象的能力。其形式依赖两个条件：一是在获得感性材料的基础上，大脑中形成丰富的表象；二是通过分析、综合，对脑中已有的表象进行巧妙的、独特的加工改组，产生新的形象。因此，想象力也是一种高度发展的认识能力。

孩子的想象力是智力的重要成分，聪明的孩子具有丰富的想象力。孩子如果缺乏想象力，就不能很好地掌握知识，也缺乏创造力。因此，父母一定要注重孩子想象力的培养和提高，从而把孩子培养成为富有想象力、富有创造力的人，要想达到这个目的，父母首先要了解幼儿想象力的特征。

1. 无意想象占主导，有意想象逐渐发展

无意想象是没有预定目的、不自觉地产生的随意想象。有意想象则是有一定的目的、自觉产生的想象。是按一定的规矩，根据具体的要求、希望达到什么目标而进行的想象活动。

孩子的想象，主要是无意想象。他们的想象事先常常没有什么目的，往往由外界刺激直接引起，并随外界刺激的变化而变化。例如，孩子拿到积木即玩积木，究竟要搭什么，没有明确的目的，只是在摆型过程中看到它像什么就说是什么。

2. 再造想象占主导，创造想象开始发展

再造想象是根据别人语言描述或图形示意而形成的形象，再造想象的用处非常大。借再造想象可以丰富自己的知识经验，也可以依照别人的设计来组织活动。

父母教孩子按照游戏书中的提示玩游戏就是一种典型的再造想象。再造想象在学习上尤为重要，儿童只有借助再造想象才能获得那些不能直接感知的知识。

创造想象是根据一定的目的、任务，不依赖现成的描述而独立创造出新的形象的过程。它比再造想象更高级、更复杂而且更困难，具有更大的创造性。在孩子再造想象发展的同时创造想象也在发展。

3. 想象与现实的界限还很模糊

孩子有时不能把想象的事物跟现实的事物清楚地区分开来，因而会把童话故事当成真的，也会把自己臆想的事情当成真的。他们生活在想象的世界中，有时候他们做游戏是那么认真、投入，那是因为他们正沉浸在他们的想象之中，并在这种想象过程中得到满足。

孩子的好奇心是最珍贵的资源

世界上凡是具有创造性的活动，都是想象的结晶。没有想象，人类就没有发明创造，就没有艺术创作，更没有我们现在的生活。

有这样一句话：科学源于幻想。没有幻想，人们根本就没有探索的方向。想象力对于一个杰出的人才来说，是十分必要的。想象力应用到实际中的多少，也是评价一个人能力高低的一个重要标志。

科学表明，人的大脑具有四个功能区：感受区、储存区、判断区和想象区。大部分人只是较多地动用了前三个区域，想象区的运用率尚不足 1/6，还有大量的潜在资源可以挖掘。所以，开发孩子的想象力对提高孩子的智力有重大的意义。

开发想象力当然要用科学的方法和手段，但这一切的前提是父母一定要珍视孩子的好奇心。孩子对世界上的一切事物都非常好奇，总是瞪大眼睛去感知、去观察、去想象、去发问，想要发现世上所有的奥秘。

通常来说，好奇心强的孩子一般创造性也比较强。历史上的科学家、发明家、艺术家在孩提的时候都有极强的好奇心。只有对事物好奇才可能去积极地想象，才可能去进一步探究，才能出现新的发明和创造。

幼儿的好奇心常常以稀奇古怪的问题出现，他们会时不时地提出一些成人看来幼稚、可笑的问题。父母不要对孩子提出的问题表示轻视、嘲笑，也不要以“这个你现在不懂，长大以后再学”等语言来敷衍孩子，这是孩子渴望接触事物、理解事物和探查事物本质的表现。父母应用简单、浅显、适于幼儿接受的语言给孩子讲解基本的道理。如果这个问题父母自己也不懂，就要坦白地告诉孩子，并和孩子一起寻找答案。这会让孩子认为自己的问题很有价值，以后会更乐于思考和提问。

好奇心也是孩子思考的动力。孩子好奇心很大，也很容易满足，而且随着年龄的增长，这种好奇心会逐渐减退。父母可以经常用发生在周围的事情启发孩子的思考，并且尽可能地带孩子去参观、游览，让他们接触新环境、新事物、新朋友。孩子接触外部世界的内容越多，好奇心就越大，兴趣也会越浓，注意的事情也会越多，因此就锻炼了思考的能力。

总之，父母一定要特别珍惜孩子的好奇心，并设法进一步激发这种好奇心，使孩子的想象始终处于活动状态。

父母的鼓励托起孩子想象的翅膀

培养孩子的想象力需要科学、有效的方法，下面介绍一些实用的方法供父母参考。

1. 鼓励孩子敢想、多想

实践表明：一个唯唯诺诺、头脑呆板、不敢想、只会机械模仿、只会在一定的框框内思想和行动的孩子是很难有所创造、有所作为的。只有那些敢想、多想、敢别出心裁、敢与人不同的孩子，长大后才能有所创造、有所成就。因此家长在早期教育中要鼓励孩子充分发挥想象解决问题，并且当孩子的想象表现出独创性时要大大予以表扬。假定孩子在生活中遇到这样或那样的困难，应让孩子尽量多想一些解决的办法。比如，玩具放在桌上够不着怎么办？可以用小棍子拨，也可以踩小凳子拿等。

2. 引导孩子有目的地想象

人的想象力的发展过程是：由无意的想象发展到有意的想象，由再造想象发展到创造想象。根据想象力的发展特点，幼儿时期应着重培养有意想象，为创造性的学习、工作，特别是为将来的发明创造打下基础。

想象不能停留在胡思乱想的阶段上，方向和目标是相当重要的，方向搞错，目标不对，想象越活跃就会迷失得越厉害。训练孩子想象的目的性，可以因地制宜、灵活机动地随时进行。这样训练的孩子不但敢想，而且想得有根有据，又发展了他的抽象逻辑推理能力。

3. 教孩子掌握一定数量的文字和词汇量

幼儿的想象是随着经验的积累和语言的发展产生出来的。因此，幼儿的想象力水平既决定于他头脑中已有的表象材料的数量和质量，也决定于他的语言水平。想象依赖于表象，而表象靠语言文字来表述。所以，在适当的年龄使孩子掌握语言，教孩子一定数量的词汇和句式，启发他们用恰当的语言来表达自己的想象内容，对于想象力的发展是很有帮助的。

丰富的生活经验是想象的来源

带孩子深入生活，丰富孩子的生活经验

想象总是以记忆中的形象为基础的，它的素材直接来自于生活体验。因此，感知的客观事物越多，生活经验就越丰富，父母应该引导孩子广泛地接触、观察、体验生活，并有意在生活中诱导孩子积极地捕捉形象为培养想象力创造良好的条件。

和孩子一起做游戏，在游戏中发展想象力

游戏是孩子最喜欢也是参与最多的活动，孩子通过游戏对现实生活实行创造性的反应。在游戏活动中，特别是角色游戏和造型游戏，随着游戏情节的发展，幼儿的想象越来越活跃。父母应该积极组织、引导孩子参加游戏活动，在游戏中锻炼孩子的想象力。

让孩子多接触自然，丰富感性认识

表象是在知觉基础上所形成的感觉形象，表象储存越多、越丰富，越容易产生想象。而表象的积累又主要在于多参加实践活动，以增加各种感性认识。只有感性认识多了，表象才能更丰富，想象才能更开阔、更深刻，其形象也才能更生动逼真。因此，要培养丰富的想象力，就必须增加感性认识，不断充实已有表象的数量，改善已有表象的质量，扩大想象的储备。对于幼儿来说，增加表象的途径，主要应该让孩子多去公园及一些自然景色好的地方、多接触些小动物、多看一些图画等，通过这些活动丰富孩子的感性知识。

0～1 岁想象力训练

那是我的衬衫

把孩子穿不下的婴儿衣服穿在他的玩具娃娃或动物上。这个游戏促进社交能力，激发想象。

小熊和障碍物

在你和孩子之间放一个障碍物，如一块沙发垫等。一边唱“小熊爬过山”，一边鼓励孩子爬过沙发垫到你这边来。这个游戏促进语言发展、音乐意识和解决问题的能力。

利用玩具讲故事

用宝宝最喜欢的玩具给宝宝讲一些简单的故事，比如用宝宝最喜欢的玩具小猴子给宝宝讲一个猴子爬树的故事，一边讲，一边让小猴子做出爬的动作。孩子可能并不知道什么是猴子，但能够理解爬的动作。这类故事要尽量简单，并配有动作。

1～2 岁想象力训练

泡沫塑料人

用笔在一块薄的塑料上画出几个小人，用刀割下，用笔、毛毡碎片或人造羽毛加以修饰。用这些小人表演舞蹈、短剧或一个茶话会。这个游戏可锻炼孩子的精细动作技能，并激发想象力。

钓鱼

在孩子最喜欢的玩具上绑一根绳子，然后把绳子绕在家具上，当孩子走到跟前，让他把玩具拉出，就仿佛他钓到了一条鱼。家长应小心监护，游戏结束应把绳子妥善处理。

火车玩具

用短线把 3 只小盒子连在一起，并在第一只盒子上拴上一根较长的线。在每只盒子中放一只填充式动物玩具，让孩子去拉这辆小火车。注意游戏结束后，妥善处理绳子。

食物艺术

给孩子做一个玩具熊形状的三明治，用葡萄干或坚果做眼睛和鼻子。这个游戏让午餐变得快乐有趣，并激发想象。

形状各异的薄煎饼

早餐时做一个任意形状的薄煎饼，问孩子它像什么？这个游戏可教给孩子大小和形状的概念，并激发想象。

大型三明治

把棕色、黄褐色、桔红色、白色的纸各一张分别剪成 15cm×15cm 大小的正方形，用这些纸来做三明治，棕色的纸代表面包，桔黄色的纸代表土豆，白色的纸代表米饭，黄褐色纸代表烧鸡等。

虚拟厨房

在地板上留出一块空间，拿出罐子、锅、量杯等厨房用品，把它们放在易于洗涤的桌布上，让孩子摆弄这些“厨具”。这一厨房摆设将创造一种富有想象性的模拟游戏的环境。

2～3 岁想象力训练

编故事

当孩子自编一个与玩具一起旅行的故事时，写下他讲的故事，或用录音机录下来。在睡觉时将故事读给他听，问他是否想作些改动，并写一个新的故事。

想象字母

在纸上写下一些字母并运用字母的外型创造其他事物。将大写的“M”当作骆驼，将大写的“B”当作蝴蝶的半边翅膀。让孩子自由地想象和创造。这个游戏锻炼字母辨认与记忆技能，激发想象。

木偶

根据孩子最喜欢的书中角色做一个彩色木偶。先在木棍上画出脸蛋，加些纤维当作头发和衣服。下一次你们一起阅读时，让孩子利用木偶扮演其中一个角色。游戏完后，将木偶放在孩子够不到的地方。

苹果里的星星

下次吃苹果时，切开果芯，看一下里面的种子是如何排列的。问孩子这像什么形状？一朵花？一颗星星？现在，将所有的种子从果芯中拿出，数一下共几个。画一个苹果，让孩子将种子粘到苹果中心。

打电话

带小孩坐车外出时，装着互相打电话，发出电话铃声，当他应答时，问他窗外看到了什么、目的地是哪里，如“你在商店里干什么？你喜欢去商店吗？”

制作玩具

游戏离不开玩具，给孩子的玩具并不在于它价格是否昂贵，重要的是看它能否满足孩子想象力发展的需要。所以有时利用废旧物品和孩子一块制作玩具，往往收到意想不到的好效果，制作过程就是激发孩子想象的绝佳时机。

捏橡皮泥

父母可以给孩子提供足够的橡皮泥，教孩子揉、压、卷、捏等动作，接着塑造各种人和物的形象。家长可适当给予指导。孩子刚开始学时，可先做些简单的造型，如面条、筷子、皮球、饼干等，等孩子再大些，可教他们学塑胡萝卜、麻花、饺子、茶碗、糖葫芦、小兔、小鸭、苹果、柿子、飞机、坦克等复杂的造型。

堆雪人

在冬季寒冷的北方地区，雪天可玩雪塑，让孩子用雪堆塑成各种形象，如雪人、雪山、雪屋、雪船等。雪塑的形象既可以是模拟的现实事物，也可以是想象的未来事物或童话世界中的人和物。

折纸

折纸是一种很富有创造性的活动，可以锻炼手的技能。折纸需要的材料极其简单：废旧纸张和剪刀。教会孩子对边折、对角折、四角向中心折、连续几次向中心折、双正方形折、双三角形折等，并在此基础上折成各种玩意儿。

小一些的孩子可折钱包、房子、船、飞机，再大一些可学折青蛙、鸭子、金鱼、手枪、裤子、书包等。

拼贴画

让孩子把一些零散的东西，如细绳、毛线、小塑料片、彩纸片、烟盒纸、包装纸、羽毛、树叶、贝壳等粘在纸上，不能用浆糊粘的也可用胶带粘。任孩子按自己的想象去创造，怎么摆都行，最后构成一幅图画。

第6章

平庸和卓越的分界点
——创造力训练

每个孩子都有创造的天赋
玩，让孩子更会创造
通过右脑的活动来发展创造力
在绘画、音乐中发展孩子的创造力
0～1岁创造力训练
1～2岁创造力训练
2～3岁创造力训练

在这个社会，没有创造力的孩子将很难适应下来，要找一份好职业，行行都需要创新，没有创新就意味着被淘汰。竞争是如此激烈，而竞争的焦点就在于创造力上。年轻的父母千万不能让孩子在这个关键点上有所缺陷。

每个孩子都有创造的天赋

有一个小女孩处于绘画敏感期时，一天到晚带着纸笔，走到哪儿画到哪儿，教室里，走廊上，有时就干脆趴在地上画，始终保持着亢奋的创作状态。她的床紧挨着墙，午睡时老师稍不注意，她就“嗖”地跳起来站在床上，捏着一根短短的铅笔头飞快在墙上画出一幅画。这幅画几乎是在一分钟内完成的。让人惊讶的不仅是她的行为，还有她的作品：墙面上出现了一个乘着降落伞从天而降的小女孩，两条辫子向上飞舞着，狂喜的笑容，精灵的眼睛，非常生动！这种造型成人根本无法想象！

有时孩子所表现出来的创造力让人惊奇赞叹，但有些人却认为创造力只是个别孩子的天赋，并非普通孩子也能拥有的。可只要我们细心观察一下身边的孩子，就会发现，其实创造无时无刻不在他们的生活中产生。

很多妈妈可能都看到过，自己的孩子拿出她的洋娃娃在做各种游戏——有时候，她把你的绒线针拿来给娃娃打针，因为她想布娃娃会生病的；有时候，她又拿来一根绳子，两头各系上一个纽扣，当作听筒，给娃娃检查身体；有时候，她用手帕盖在娃娃的身上，一边拍娃娃，一边还唱着儿歌哄娃娃入睡……

幼儿园里，孩子用积木搭成各种各样的物体，他们告诉老师："这是一个动物园，里面有好多的小动物"；"那是一个很好的儿童乐园，里面有飞机、飞马、飞碟……"

活动室里，一群孩子在玩着角色扮演游戏："售货员"满面笑容地接待着"客人"，"妈妈"带着孩子在挑选自己喜爱的各种玩具，有小飞机，有小汽车，有建筑模型，还有洋娃娃、小皮球等。而这些玩具正是小朋友用自己灵巧的小手捏出的橡皮泥作品。

正如我国创造教育先驱陶行知先生所说："处处是创造之地，天天是创造之时，人人是创造之人。"只要细心观察一下自己身边的孩子，看看他们在干什么，在做什么游戏，就会发现：原来这些孩子的小脑袋中还真不简单，创意就像工厂里的产品一样源源不断地从他们的头脑中生产出来，仿佛根本不受任何束缚。

成人的创造力具有高度的自觉性和针对性。相对而言，孩子的创造力自发性较强，针对性较差，表现的活动及领域相当广泛。这在幼童身上表现更为明显——他们的创造力几乎在所有活动中都能发现。他们没有强烈的目的性，没有行为模式，不受规范、习惯的制约，思路开阔，自由空间较大，最充分地表达了现有的水平。这也是孩子常常让大人惊喜的原因。

父母要意识到，培养孩子的创造力，不一定就是要让他达到科学或艺术的最高峰，即使是在普通的生活中，创造也能让孩子的未来变得更加丰富；还要意识到，对孩子来讲，创造不应该具有“职业”的味道，而应该就是他们的“生活”本身。

请相信你的孩子，他完全具备天才所拥有的创造性；也请相信你自己，作为一位好家长，你一定能保护好孩子的创造性，并使其在孩子的未来成长中大有作为！

玩，让孩子学会创造

“心灵手巧”、“十指连心”说明手和大脑有非常密切的关系。脑科学的研究证明：大脑有五万个神经细胞控制着人体躯干，但控制手的神经细胞却多达二十万个。大脑控制并管理着整个人体的各个部位，人体各个部位的活动又能促成大脑机能的成熟与发展。

让孩子多动手就能促进大脑很大一块区域的发展。当孩子双手活动时，指头上的神经细胞会随时将信息传到大脑。大脑将这些信息结合来自视觉等方面的信息进行综合、加工后，不断发出指令调整手的动作，使动作准确完善。在此过程中，手准确灵活的动作能使大脑的扩大区域得到刺激、锻炼而发育成熟，因而加强孩子手的活动是开发大脑潜在机能、培养创造力的重要环节。

正如陶行知所言："创造教育，非但要教，并且要学要做。要手和脑一块儿干。"在家庭中，家长要鼓励和要求孩子多动手。在孩子做手工活时，家长不必让孩子拘泥于某些具体做法，可放手让孩子独立操作。但对于一些技术性的环节，可以给孩子提供指导和帮助。

通过右脑的活动来发展创造力

人的大脑分为左右两半球，并具有不同的功能。左半球是处理语言，进行抽象思维、聚合思维、分析思维的中枢；而右半球则是处理表象，进行具体形象思维、发散思维、直觉思维的中枢。

大脑优势学说认为：习惯使用左手的人，其大脑占优势地位的是右半球；习惯用右手的人，其大脑占优势的是左半球。大多数人的左半球运用更频繁，而有关专家认为，右半球与人类的创造性活动有密切联系，因为在创造过程中有重要作用的想象、直觉、整体综合等等都是右脑的机能。所以，父母应该让孩子的左右手同等受训，做到既发挥长处，又弥补短处，使大脑两个半球都得到发展。

开发孩子的右脑是在各种活动和游戏中进行的。注意引导孩子多用左手、左脚活动，进行左视野训练和左耳听力训练。

- 让孩子每天边听音乐边画画，把自己的感受在纸上画出来。
- 让孩子随着音乐即兴舞蹈或跟着乐曲演奏乐器，即使是敲敲打打也行。

● 让孩子学习图形的变化和组合有利于培养右脑思维的流畅性、变通性和独创性。具体的做法是：折纸、拼图、搭积木、创作画等富有设计性的游戏。

● 多鼓励孩子做左侧面体操，左手玩游戏棒。

● 让孩子左手拍球、绘画、抓握物体、剪纸片、传递物品等。

● 让孩子用左脚单腿跳、踢球、踢毽子等等。

家长如果有意识地让孩子用左右手交替从事活动，对大脑机能的平衡、协调以及对右脑功能的开发利用是大有好处的。从小注意右脑功能的开发利用，能协调整个大脑拓展广泛的思维，让孩子多能、多才、多艺，终身受益。

在绘画、音乐中发展孩子的创造力

绘画是最易诱发孩子的想象力，也是最为孩子接受和喜欢的一种形象表现形式。孩子的画技虽然不高，但却能表达自己的思维活动过程。对孩子的画，不需要追求画得多么“像”，而应鼓励他“想”得越多越好。

如在纸上画出许多圆，让孩子想象添画，看圆能“变”成什么。孩子可能会从一个太阳、一个皮球等想到并用圆组合出熊猫、一束气球、一群小鸡等等有情节的画面。

另外还可播放不同旋律、不同情感的音乐，让孩子根据音乐的表现画出自己对乐曲的理解。对孩子的画，父母不要先做鉴赏家，而要先做想象力的评论家；不要着眼于孩子能否成为一个画家，而要先看孩子的想象力是否得到了充分的发挥。

0~1 岁创造力训练

钓鱼

在洋娃娃或填充玩具上系一根彩色纱线。向孩子演示一下怎样将这一玩具从桌上扔下，又怎样拉回。让他也来一次。

套玩具

这种游戏玩具形状相同，但大小不同，能一个个地套起来。向孩子展示一下它们是怎样套进去的，然后让他试着做。

打开，关上

拿一个可以装许多不同物体的盒子，盒子上应有连接的盖子，向孩子展示一下盖子是怎样起作用的。然后将一些他喜欢的东西，如苹果、球等等，依次放入盒中，然后再去寻找它们。

滴答钟

拿一个滴答声很大的钟放在孩子的枕头底下，让他去寻找。在这一阶段，孩子正形成“物体永存”的概念，小钟的声音线索会强化这一概念：不在视线之内的东西仍然存在。

捏面团

家里做面食的时候，可以给宝宝一小块面团，让他随便捏，此时宝宝可能连形状都不懂，但他会被变化的面团所吸引。

1～2 岁创造力训练

纸山

在水瓶中加些婴儿专用手指画颜料后加水混合，将混合液倒在旧报纸中，使报纸成为湿透的纸团，用纸团造出大山和月面等风景画。你可以帮孩子在纸上喷更多的有色水。

一页又一页

找一本活页夹，在每页上都粘上一幅画。问孩子第一页上该放什么时，可建议放一匹马的图画，然后和孩子一起从报纸、杂志上剪下马的图片贴上。第二天再做点什么，如粘一朵云、一座山、一辆自行车等等。最终你和孩子就拥有了一本可以享用几个月的书。

我喜欢的东西

把几张孩子喜欢的图片塞入活页夹，可以让孩子从报纸或杂志上选取图画。你们可以一起看这本活页夹，说出每一样物品的名称，孩子也可以自己坐着去翻阅这些图片。这个游戏培养识字前能力，并激发创造力。

“跳跃的”燕麦片

在小塑料瓶里放入几片燕麦片，让孩子把它们拿出来。如果他有困难，或表现出气馁，就帮助他拿出来，鼓励他下次自己完成。这个游戏阐述因果关系，培养幼儿解决问题的能力，发挥他的创造力。

折纸

爸爸妈妈可以拿一些纸给宝宝，让他进行简单的折叠。比如边对边的折叠，或角对角的折叠。由于折叠的图形比较简单，孩子可能会很快失去兴趣，这时候，爸爸妈妈可以在这些简单图形的基础上折叠出一些有趣的东西，比如小衣服、小裤子、小青蛙等，以保持孩子的兴趣。

2～3 岁创造力训练

堆碗

准备一套塑料碗，教孩子如何将这些碗一个套一个堆成一叠，注意平衡，大碗在最下面。现在将这些碗倒过来放，大碗仍在下，再堆成一叠。（注意平衡）这个游戏锻炼分类、解决问题、手眼协调和精细动作技能，并使孩子更好地理解大小和内外这些关系。

海绵谜语

准备几块薄而平整的海绵或工艺泡沫材料。用记号笔和小刀在海绵或泡沫中央割一些小图形，如心形、圆形、方形或星形，取出这些图形，放在一边，让孩子将它们放回到正确的位置。这个游戏锻炼配对、分类和解决问题的能力。

大脚

和你的孩子比较脚的大小，先指出明显的不同处，让他看看你的脚比他大多少，和他谈论大和小的概念。然后将你和他的脚分别画一个轮廓在纸板上，剪下来。可将两个混在一起，让他指出大小，并看他是否能指出哪个是他的，哪个是你的。这个游戏锻炼解决问题的能力，增加对大小的理解。

去野营

准备野营所需物品，如：帽子、水壶、叉子、夹克、毯子和手电，并向孩子解释如何使用这些物品。将物品放入背包，在后院或起居室搭起帐篷，开始进行一次虚拟旅行吧。这个游戏培养解决问题的能力，并激发想象。

滚还是滑

找一块光滑木板，从家里找许多物体，如：积木、球、玩具车、蜡笔和一些孩子喜欢的玩具，让孩子试着将这些物体沿坡道滚落。向他解释为什么圆的物体能快速沿坡道滑下，而方形物体要么静止，要么慢慢滚落。经过一些实验后，要求孩子预测每样物体会如何沿坡道下滑，让孩子回想一个相似的物体是如何沿坡道下滑的。这个游戏让孩子了解因果关系，并锻炼解决问题的能力。

和盒子相配的盖子

和孩子坐在地毯上，拿出所有有盖的塑料空盒子，将所有盖子排成一排，让你的孩子将盖子和盒子配对，并帮他将盒子盖上。这个游戏培养解决问题的能力，培养良好的协调能力。

配对照片

拍家中5至6个物体的照片，将照片给孩子，让他在家中寻找照片中的物体。如果这对他来说很轻松，试着给他半个物体的照片。这个游戏锻炼解决问题和观察能力，让他知道符号代表的意思。

第7章

承载思想的骏马
——语言智能开发

语言让孩子成为真正意义上的人
为孩子创造语言生长的沃土
解密婴儿的体态语言
多做口腔运动，防止孩子口吃
0～1岁语言智能开发训练
1～2岁语言智能开发训练
2～3岁语言智能开发训练

但丁曾说："语言作为工具，对于我们之重要，正如骏马对骑士的重要。最好的骏马适合于最好的骑士，最好的语言适合于最好的思想。"在多元智能理论中，语言智能是最重要的智能之一。一个不具备优秀语言能力的人是无法进入未来的高科技社会的。

语言让孩子成为真正意义上的人

当胎儿从母体分离出来的那一刻，伴随第一声啼哭，他正式向这个世界宣布：我来了，一个新生命诞生了！但此时这个小小的生命还只是生物意义上的人，而不是一个完整意义上的人。只有当他逐渐掌握了与人类社会正常交流的能力，具有了丰富完整的社会性后，他才算一个完整意义上的人！

而使人具有沟通能力进而具有社会性的唯一工具就是——

语言！

语言是人们开展思维活动、进行交流的工具。人们学习各种知识、技能，积累各种精神财富，都主要是利用语言来完成的。语言作为人类生存和交流的必备工具，在生活和学习中的作用毋庸置疑。

一个人如果丧失了语言的能力，则必然要用其他能力做补偿，从而保证他具有相应的社会交往能力，能在人类社会中正常生活。比如不能听说的聋哑人，要用手语与外界交流。可见，语言能力的产生和发展对于人类的每一个新生命来说都是至关重要的。

但丁曾说："语言作为工具，对于我们之重要，正如骏马对骑士的重要。最好的骏马适合于最好的骑士，最好的语言适合于最好的思想。"在多元智能理论中，语言智能是最重要的智能之一。一个不具备优秀语言能力的人是无法进入未来的高科技社会的。

无论什么时候，人们总是避免不了通过语言向外界表达自己、展示自己。人们很熟悉"以貌取人"，但其实"以言取人"也常常发生，人们总会通过言语来了解、认识、评价一个人。

让孩子以口才为突破点，精通运用语言的艺术，能够很快地带动其他能力的均衡发展，还能让在别人看来很难的事情在他手中变得轻而易举、事半功倍。如果孩子能够恰到好处地运用语言艺术，往往可以获得更多的机会，获得成功的路途当然就宽广了许多。

美国第十六任总统林肯先生是美国乃至人类历史上最伟大的演说家之一。他的《葛底斯堡演说辞》只有短短的几百个字，但却被推崇为永垂不朽的演说经典之作，被人们用青铜铸成铭文，陈列在英国牛津大学图书馆之内作为永久纪念。林肯的言辞深邃、优美，却又雅俗共赏，可以说，林肯的每一次演说都足以成为经典，每一个听过他演说的人都会被他的演讲魅力所倾倒。凭着演讲而赢得的支持，这位只上过小学的林肯总统在任期内彻底废除奴隶制，并取得南北战争的胜利，保持美国的统一。也正是凭着演讲的号召力，在他遇刺以后，有那么多的人为此悲痛不已。

美国成功人士卡耐基曾说："演讲能力是成名的快捷方式，这种能力使一个人备受瞩目，鹤立鸡群。"几乎所有的美国中学生都相信这样一句话："未来的美国，让不会演说的人走开！"很多时候，人们是凭着讲坛上的杰出表现而受到上级器重的，有些人在做了一场精彩无比的演讲之后前途就扶摇直上三千里了。敢于当众大声演讲，必然会增强孩子的自信心，增加孩子取得成功的机会。

另外，写作能力也是语言运用能力的一种，在很多时候，写作也在人生中占有相当重要的地位。

英国的著名化学家彼得·米切尔从20世纪60年代初就开始研究生物转换能，并因此开创了崭新的生物能学这一学科。但是，他的成果没有得到普遍承认而是引起了广泛的争论。造成这一局面的主要原因就是米切尔所撰写的论文晦涩难懂，实在令人费解。很多人根本没法接受他的观点，最后还是剑桥大学的化学家盖伊·格雷维尔为他做了综合转述，才使生物能学这门学科得到肯定，使米切尔在1978年获得了诺贝尔化学奖。与此形成鲜明对比的是，伦琴发现X射线的报告结构严谨、语言清晰简练，有人称赞为达到"一字不能加，一字也不能减"的境界。也正因如此，这几篇高水平的报告对传播科研成果来说功不可没。

有人说："要想成为语言的巨人，就要同时拥有巨人的两条腿——口头语言和写作能力。"我国伟大的改革开放的总工程师邓小平曾经说过：“拿笔杆子是实行领导的主要方法”，“用笔写出来传播就广”。写作能力是孩子取得成功的关键一步，因为只有文章才能跨越时间和空间的限制，产生久远的影响。但是，妈妈们也要认识到写作也是一件不容易的事情，关键在于要循循善诱地引导孩子对其发生兴趣。

中国有句古话，叫做“一言知贤愚”。一个人运用语言的能力是观察力、阅读力、记忆力等一切能力综合输出的结果，是文化素质的综合体现，父母们一定要重视起来，帮助孩子使其语言智能获得最大程度的开发！

具有很强的语言智能的幼儿的特点是：

- 喜欢听别人朗读，即使是6周大的婴儿也喜欢；
- 喜欢听别人讲故事，6周大的婴儿也能听到；
- 喜欢提问，特别喜欢提“什么”和“为什么”；
- 热衷于与任何一个能成为他的听众的人对话；
- 永远不会满足于简短的答案，不管答案是否正确；
- 喜欢闭上眼睛，在脑中幻想他所听到的景象；
- 当那些具有很强的语言智能的孩子长大后，他们喜欢写书或出版报纸、制定大型读写计划；
- 经常向同龄人和成人发表自己的演讲；
- 除了学校布置的任务外，还写自己的故事；
- 听“书的录音”；
- 玩文字游戏、填字游戏，用双关的诙谐语。

为孩子创造语言生长的沃土

每个孩子在出生时，都已经拥有可发挥语言智能的物质基础和潜在能力。但是，这种潜能要想得到正常的发挥首先要有一个先决条件，那就是孩子必须生活在人类社会中，尤其是他的婴幼儿时期。在人类社会中长大的孩子不用特意去教，就能自由运用他所在群体的语言，即使是世界上最难的语言；而在狼群或其他动物群体中长大的孩子，无论怎么教，都不可能再有自由畅谈的能力。

研究证明，婴幼儿的语言智能是一个自主习得的过程，而非成人教的结果。当然，虽然人类社会环境能轻而易举地帮助孩子学会说话，但这并不表示任何在人类社会环境中长大的孩子都能做到吐字清晰、语言流畅、用词精准。

优秀的语言能力是不能轻易获得的，它需要各方面因素的配合，这些因素构成了孩子的语言环境。这个环境是成人与孩子共同构成的相互交流的情境，成人对孩子语言智能发展的关注和孩子自身言语活动的自发倾向创造了一个动态的、孩子自己也参与其中的环境。

只有孩子有了兴趣和主动性，他的语言智能才能够得到充分的发展和发挥。如果父母强迫学习，只会让孩子精神紧张进而产生厌倦，严重影响学习效果。

所以，不妨从以下几个方面入手，为孩子打造一个良好的语言环境，开拓一片能让其语言能力蓬勃生长的沃土，让孩子得以顺其自然地发展。

1. 多开展互动交流活动

语言能力是在语言的使用中锻炼出来的。如果父母很少和孩子对话，孩子只是单方面听别人说话，就得不到语言练习的机会，他的语言能力将大大落后于一般孩子。

所以，无论家长多忙，也应该抽出时间，多和孩子进行面对面的交流，这不仅有助于孩子语言能力的提高，也有助于孩子心理的健康发展。

2. 双向交流开始得越早越好

从婴儿期开始，成人就可以开始和孩子进行语言交流了。成人要常对孩子说话，用丰富的声调、表情、眼神、手势来吸引孩子的注意。这种交流能促进孩子大脑发育，培养他对语言的反应，为以后真正的语言交流打下基础。

3. 语言环境不要太复杂

在同孩子说话时，家人最好用普通话。如果一个家里几个家庭成员说的都是方言，甚至是不同的方言，这种情况就属于“家庭语言环境复杂”。语言环境太复杂会使正在学习语言的孩子产生混乱，无法分辨正确的语言符号，导致说话时间延迟、说话障碍等问题出现。因此，建议语言环境比较复杂的家庭，对孩子统一说普通话。

4. 室内环境布置适当

在孩子居住和常活动的房间里摆放各种幼儿感兴趣的玩具、物品和材料，让他们一边探索一边学习说出它们的名称和用途。

5. 抓住孩子的兴趣

对孩子说话的主体要和孩子当前的活动或注意的事物相联系。例如，孩子正在高高兴兴地玩一只小海豹玩具，你过去和他说：“我们一起说儿歌呀?”他肯定不会理会你。你可以指着小海豹说：

“这是小海豹吧？真可爱呀。它是生活在大森林里的吗？”当你询问孩子一些关于海豹的事情，孩子会十分乐意回答你，不知不觉中就锻炼了语言表达能力。

6. 带孩子去欣赏外面的世界

家长经常带孩子走出家门去商店、动物园、公园，在多种场合充实孩子观察、体验的经验，可以增加孩子学习的兴趣和表达的愿望。

7. 从词到句逐步扩展口语

孩子刚开始说话，只会用一两个词语来表达意思，比如看见妈妈在吃糖，他就会说：“妈妈糖糖。”这时你应该把孩子的词语加以扩展，改成一个完整的句子，说给孩子听：“妈妈在吃糖。”通过这种方式，孩子就能逐渐学会用规范的语法表达他的意思。

8. 鼓励孩子与同伴和成人交往

语言智能发展是一种不可抑制的人类特性。当幼儿想表达时，消极词汇变成积极词汇，由听到说才成为可能。应带孩子外出，让他与外人交流，在社会环境中培养他的语言能力，也能同时培养孩子的人际能力。

9. 用广播、电视等刺激孩子语言神经

让幼儿听儿童广播、看儿童电视，形成亲子共读的阅读环境，可使他们在学习、欣赏文学语言的同时，激发表达自己的愿望，发展其语言智能。

10. 感情沟通最重要

情感发展是认知发展的基础，所有的智能都是在此基础上得以开发的，所以，父母应注意做好与孩子之间的感情交流。这里的交流不仅仅是指说话，还包括肢体语言（如手势）、表情（如微笑）和眼神的对视等。这些交流能加强亲子间的感情，对孩子的感情发展起到良好的作用。

解密婴儿的体态语言

和聋哑人一样，还没学会说话的孩子也会用身体语言表达自己的意思。他们的体态语言包括了眼神、表情、动作和嚎啕大哭。但是聋哑人可以用一套完整的手语来交流思想感情，孩子却没有那么完善的身体语言系统。爸爸妈妈要想知道孩子心里在想什么，就要研究孩子的体态语言都表达了什么。

下面是一些典型的婴儿体态语言，可以帮助父母了解孩子的想法。

4个月时

孩子躺在床上正玩得开心，突然停下动作，盯住一个地方观察很久，过一会儿又恢复了正常。这表示孩子在玩的过程中突然注意到另外一件事情，愣住想了一会儿。

这时，如果孩子一直盯着某处看，不要刻意打扰他。如果他困了，就让家里保持安静，等他渐渐入睡。

6个月时

睡觉时突然轻轻地抽泣，但眼睛却仍然闭着。随后抽泣的声音逐渐变大，身体也开始抽动，最后猛地睁开眼睛，哇哇大哭起来。这是孩子在睡觉时突然觉得身体不舒服，难以入睡。

这时，妈妈应当检查一下是不是孩子的衣服穿得太紧，尿尿了，或者被子盖得过厚。处理一下，再哄他入睡。

6个月时，婴儿有时会张开双臂，身体扑向亲人，要求搂抱、亲热；若陌生人想要抱他，则转头将脸避开，表示不愿与陌生人交往。

7个月时

坐着时双手高高举起，用力前伸，身体挺直，表情很严肃。这其实是孩子想要某样东西，却够不到。如果孩子想要某样物品，他会一直盯着该物品，你可以递给他。如果这样物品不适合孩子玩，你就要把它藏起来，转移孩子的注意力。

有时，孩子眼睛瞪着某个物品或玩具，但当你递给他时，他又不接。这说明孩子对这件物品很感兴趣，但由于不了解它，存在一定的恐惧心理，因此不敢轻易接过来。这时你应当在孩子面前玩弄该物品，让他对物品逐渐熟悉，不再恐惧。

8个月时

婴儿会以拍手和笑脸表示高兴，在父母教导下会以点头表示谢谢，对不爱吃的食物避开，并以摇头表示拒绝。

9个月时

孩子的眼睛盯住某人，嘴里发出哼哼声，小手握成拳头，身体随着哼哼声而抽动，这表示孩子对面前的人感到陌生，有些紧张，这是自然流露出的自我保护意识。你要热情地跟这个人打招呼，同时摸摸孩子的头，让他知道妈妈在保护他，而且这个是熟人，并不危险。

有时，家里来了别的孩子，孩子就去抓他的衣服、摸他的脸、咬他的手，让小客人不知所措。这是因为孩子觉得很高兴，希望用各种方式吸引小客人的注意，和他交流。这时，妈妈应该让小客人和孩子熟悉一下再一起玩。如果小客人不喜欢和孩子玩，就要用其他物品引开孩子的注意力。

10个月时

婴儿会用小手指向去哪里，或用小手拍拍头，表示要戴帽子带他出去。

11 个月时

对着忙碌的妈妈发出哼哼声，如果妈妈仍然顾着忙自己的，他就会把身体扭来扭去，最后哭闹起来。这表示孩子想要你抱他、陪他玩，达不到目的就用哭闹表示不满。建议你应该在孩子刚开始哼哼时就过去抱一下，亲一下，安慰他的情绪，几分钟后再去做事。

当然，每个婴儿传递信息的方式各有不同，因此你还需要在平时细心观察，找出孩子体态语言的规律和特点。

不过妈妈们要注意，孩子 1 岁以后就要少用体态语言与他进行交流，否则会影响他口头语言能力的发展进步。

多做口腔运动，防止孩子口吃

很多父母在孩子学说话期间最怕的就是孩子口吃，可有些孩子偏偏就“明明白白做事，结结巴巴说话”。父母越让孩子改，孩子越改不过来，真是让人着急。

其实孩子口吃是由于语言练习不够造成的，可以适当地做一些口腔运动，慢慢把口吃的情况矫正过来。

口腔运动具有健脑的作用，它能使面部血液循环加快，使大脑皮层处于兴奋状态。经常做口腔运动，可以使孩子吐字清晰、讲话流利，对促进孩子语言能力的发展很有帮助。

下面介绍的口腔运动都很简单，不妨把它当作一个游戏，和孩子一起做。

唇部运动

嘴巴张大说“啊”，持续3～5秒。

嘴巴咧开说“一”，持续3～5秒。

撅嘴说“呜”，持续3～5秒。

嘴形从“啊”到“一”，连续做3～5次。

嘴形从“啊”到“呜”，连续做3～5次。

嘴形从“呜”到“一”，连续做3～5次。

嘴巴用力闭紧向内吸，发出“啵”的声音。

舌头运动

将舌头伸长到最大限度，持续3～5秒。

舌头快速伸出、缩回，连续做3～5次。

舌头分别伸向左、右嘴角，持续3～5秒。

舌头分别伸向上、下嘴唇，持续3～5秒。

舌头伸出，按顺、逆时针方向各转1圈。

将舌头放在牙齿面上，左右移动做清洁牙齿状。

脸部运动

用手轻拍脸颊、下巴和嘴唇。

紧闭嘴唇，吹起使脸颊膨胀。

用力吸气，使脸颊凹陷。

做各种表情牵动脸部肌肉。

除此之外，在日常生活中如吹泡泡、吹蜡烛、使用吸管等等都是很好的口腔运动。另外，注意在孩子说话出现错误时，不要大声训斥他，要有耐心地细心教导；和孩子说话速度不要太快；不要与其他口吃的人频繁接触；对习惯使用左手的孩子，不要强迫他改用右手。

0～1岁语言智能开发训练

打手势

教孩子一些手势有助于你们之间的交流，比较常见的手势是点头和再见。孩子能理解的比他能说出的更多，向他做一些肢体动作能给他提供一些非语言的反应方式。

多对孩子说话

很多父母认为孩子要到1岁以后才会说话，所以不把1岁以内孩子的语言训练放在心上。其实孩子从一出生就爱听人说话。

对于0～1岁的孩子来说，父母要做的就是多对他说话，把外界信息传达给孩子，让他对语言产生兴趣。

读杂志

当你为孩子朗读的时候，请从读杂志开始，请记下你读过的书名和读书的时间，尽管你看不到孩子对此会有明显的反应，但长此以往，将对他获得语言的能力和丰富他的词汇有持久的影响。

园艺

你若喜欢园艺，去花园干活就带上孩子。让他坐在毯子上，并给他一把塑料铲子让他握着，当他注视着你干活时，你可说出各种植物的名称，并给他讲解你正在干什么。将语言（或声音）与具体事物（如植物）联系在一起，有助于孩子在大脑中产生概念的表象。

牙牙学语

当孩子牙牙学语时，请用交谈来吸引他，你可以偶尔向他咕哝几句，也可以慢慢地吐字清晰地回应他。牙牙学语是语言能力成熟的前奏，能进一步鼓励他开口，并最终让他学会说话。

小艺术家

与你的孩子一起画画，告诉他你画了些什么：“这是汽车。”“这是鸭子。”在画上加文字说明，并让其他人看。人们会读出你写在画上的文字。反复的接触可使孩子将图画、文字和意义联系起来。

熟悉小动物

读一本有关动物的书，然后去一趟动物园、水族馆或宠物店，向孩子说出所见动物的名称。亲自看到动物和对它们的切身感受会大大有利于孩子对概念的理解。

障碍之道

设计一个有障碍的小通道，可用枕头和毯子当隧道和人行道。当孩子爬过这个通道时，向他说明他正在什么上面、什么下面或在什么中间爬行。将这些活动中的物质材料与语言描绘结合起来，这给孩子一个独特的机会，他可以把词语和具体的形象联系起来。

1～2岁语言智能开发训练

字母汤艺术

把刻有凸起字母的积木在水性涂料中蘸一下，然后让孩子在彩色美术纸上印出字母，以此教孩子学习字母。这个游戏介绍了字母的概念，并发展了孩子的精细动作技能和数数技能。

父母的阅读时间

把孩子抱在膝上，不是给他读儿童书，而是对他读你自己想读的东西——报纸、杂志、食谱、朋友来信等等。这样能很好地培养孩子的语感。

保持沉默

当你的孩子很兴奋地想告诉你点什么，但又一下子无法找到合适的词时，请你保持沉默，让他自己努力找到所需的词汇。等他说完后，重复他所说的，并向他做解释，让他知道你正在听。这样做可以提高孩子的语言能力，增强信心，促进社交能力。

近和远

背靠墙并排坐在地上，从两腿之间滚出一个球，让孩子也这么做。然后，问孩子哪个球滚得近，哪个球滚得远。这个游戏介绍了远与近的概念。

我的画廊

在孩子房间里辟出一块地方作为画廊。一块小的布告栏也是很有用的，可以在上面挂许多画，每天让孩子说出画里物品的名称——树、妈妈、狗等等。要经常调换图片。这个游戏可以介绍新的概念和词汇，为孩子提供有象征意义的练习，并加强记忆力。

龟兔赛跑

在公园里散步时可能会遇上一只蜗牛，让孩子观察一会儿，然后看看天上飞过的鸟，和孩子讲哪只动物爬或飞得快，哪只慢。这个游戏可以培养语言学习的能力，并介绍快和慢的概念。

味道真好

在吃午餐时和孩子讨论香蕉、豌豆和苹果。描述一下它们的味道和口感。比如说，甜和酸，脆和软等等。这是一个进行比较的好机会。

会叫的汽车

假装你的车子是一匹马，开始发动车子时说："我们出发吧！驾，驾！"孩子听了会很开心，并会说："这不是汽车发出的声音！"这时你可以表现出惊讶的神情，并问他汽车会发出什么样的声音。这个游戏可以培养语言学习能力，加强记忆力，训练声音与物体间的联系能力。

我的邮件

给孩子做一个邮箱，邮件可以是单词、图片或小故事。你可以给邮件分类，给孩子读邮件，也可以像邮递员那样投信。

沙地写字

抚平沙地表面，和孩子一起在上面"写"故事。主要由孩子去做，工具可以是手指或树枝。这个游戏在发展精细动作技能的同时，培养符号可以代表字母和单词的意识。

走过郁金香

去公园、乡间的小路或小树林里散步，带上一本有关野外动植物的指南书，让孩子把所看到的东西与书里的图片对应起来。

我忘了什么？

唱起孩子最喜欢的一首儿歌，漏掉其中的一些关键字，让孩子来纠正。

跳进，跳出

在地上用粉笔画一个圆圈，让孩子站在圈里，你站在圈外。告诉他"进"、"出"，然后两人跳进和跳出圆圈。这个游戏培养了孩子语言学习能力，传授大小、形状以及"里"和"外"的概念。

系黄丝带

带孩子去院子里漫步，给第一种花系上蓝丝带，第二种花系上绿丝带，第三种花系上黄丝带，一边在丝带间跑动，一边说："跑到茉莉花那边去，就是系蓝丝带的地方。"慢慢地，孩子就掌握了这些植物的名称。取下丝带，系到其它的植物上去。这个游戏可以训练孩子的肌肉、词汇和记忆能力，并传授颜色的概念。

转盘

挑选一些相似的图片（如动物图片）放在圆转盘上，然后用力转转盘，让孩子猜猜哪张图片停在他面前，"是马还是猪?"说出它们的名字，并学叫它们的声音，同时告诉孩子它们生活在什么地方。这个游戏介绍了一些新的概念和词汇，锻炼了孩子辨认符号的能力，并增强了孩子的记忆能力。

烹饪数数

在厨房里做菜时，当你在量取或倒配料时，让小孩帮你数数。要强调数的数，说"1、2、3 杯面粉。"

我自己的名片

用旧的名片背面做配对和分类游戏。在名片背面粘上贴纸或从杂志上剪下来的图片，包括各种形状、动物、数字（给不同类别涂上不同颜色）。如果孩子喜欢，把这些图片给他，让他分类，或者将这些卡片撒向空中，落地后，每捡起一张，说出图画的名字。这一游戏可随着孩子长大而增加难度。

让孩子聆听奇妙的声音

室内外较为安静的环境均可，如大床、地毯、草地等。孩子依偎在爸妈怀里。准备闹钟、电话或其他具有模拟性的发声玩具。

爸妈运用闹钟、电话或其他玩具等，制造或模仿各种物体的发声，或熟悉的动物的叫声，让孩子猜猜这是谁发出的声音，发出了是什么声音。

爸妈说出某一事物，请孩子模仿发声。如爸妈说，“小汽车，__________；大卡车，__________”，“小蜜蜂，真辛劳，飞到东来飞到西，__________”。鼓励孩子将声音补充完整，如“嘀嘀嘀”、“咔咔咔”、“嗡嗡嗡”。

这是什么

将孩子喜欢的三个玩具放在地板上，叫出每个玩具的名称，如可能，应使用一个字的名称，然后你再说出名称，让孩子将玩具挑出来。理解词语是说出词语的基础，让孩子指明和挑选是给他提供一个非语言交流的方式。

寻找方形物

带孩子在社区里散步，让他上下左右仔细观察，寻找方形（三角形、长方形）的物体，最后数数找到了多少。

2～3 岁语言智能开发训练

猜音节游戏

一边和小孩说他和他朋友的名字，一边打拍子，如豆豆（两拍）、王雪儿（三拍）。也可以试一下其他有趣的词，教他和你一起拍手。准备好时，教他如何数拍子。告诉孩子词是由字组成的，增加词汇量。

数字转盘

用纸板和夹子做一个数字转盘。用纸板剪一个直径 20cm 大小的圆，拿铅笔和尺子将圆平均分成 6 块。在每一块上粘一个用毛毡做的数字。在 6 个夹子上写上同样的数字，帮助孩子将夹子夹到有相同数字的块上。这个游戏可以加强孩子配对技能，培养精细动作技能。

“瓜”聚会

将许多以“瓜”结尾的食物摊在厨房桌子上，如：西瓜、南瓜、香瓜、冬瓜、哈密瓜等，与孩子一起举行一个瓜的聚会，一边品尝食物，一边谈论以瓜结尾的词。

寻找词语

在家中收集一些物体的图片，注意图片上面不要有物体的名称。再准备一些纸条，每张纸条上写一个物体的名称。让孩子将图片与写有名称的纸条一一配对。

挑选字

在给孩子念完他最喜欢的故事后，回到故事的开头，并要他自己随便说个认识的字，然后在书中找寻这个字。看看一共能找到多少个。

读冰箱上的字

将孩子名字中的每个字写在一个小纸片上，然后用磁铁将这些字贴在冰箱上，请孩子按正确的顺序排列自己的名字。也可以将家中所有人的名字的每个字都贴在冰箱上，请孩子一一排列好。

一勺子汤

下一次吃饭上汤时，让孩子猜一下需要多少勺才能将他的碗装满，然后，你一边舀汤，一边让孩子大声数数，看看实际需要几勺。

字母船

折一些纸船。在每个船上放一种小动物的模型。准备一些小卡片，并在每张卡片上写一种小动物的名称。请孩子把卡片上的汉字与船上的模型动物对应起来，把正确的汉字卡片放到船上。

文字花

用硬纸板做一些花，在每朵花上写上一个汉字，粘上花梗，将这些花集成一束，插在塑料杯子或花瓶中。可以将孩子喜欢的动物或玩具的名字做成花，让孩子来认。成人说动物的名称，让孩子把贴有相应汉字的花从花瓶中取出来。

跳

和孩子玩跳与听的游戏。先听一些以声母“g”开头的词如：果冻、果酱、罐、果汁等，告诉孩子仔细听你念这些以“g”开头的词，但是当他听到“跳”一字的时候就要做跳跃动作，也可以用其他一些动作，如单脚跳、跑、跺或拍手做此类游戏。

动画图册

自制一本翻动图册，在8cm×15cm大小的卡片上画出一系列的动作，如画出脸部由沮丧逐渐变为微笑的过程，将卡片装订成册，然后快速翻动来观察动作的过程。这个游戏可以让孩子理解一个序列组与次序的关系。

晚餐吃什么?

与孩子一起去餐馆时，让他和你一起“读”菜单，要他指出该页上的汉字和数字，并给他看点的食物的汉字，你还可以让他自己读菜单。

为什么穿这件衬衫?

在穿衣服时养成一个习惯，告诉他为什么要选这件衣服。“因为今天天气冷，所以我们要穿毛衣。”“因为我们要参加一个正式的晚会，所以我们要穿这件漂亮的衬衫。”

第8章

让孩子拥有灵活强健的肢体
——肢体运动智能开发

婴儿在按摩、护理中运动
“爬”出一片健康活力新天地
“走”好孩子人生的第一步
小小运动员，随时做锻炼
0～1岁肢体运动智能开发训练
1～2岁肢体运动智能开发训练
2～3岁肢体运动智能开发训练

孩子的大脑开发固然重要，但拥有一个强健灵活的身体更不可忽视。健康是一个人生存的基础，任你有天大的本事，没有健康做基础，都如同无根之木、无源之水，迟早要枯萎、干涸的。

婴儿在按摩、护理中运动

伟人毛泽东经常引用一句名言："文明其精神，野蛮其体魄。"他认为，一个人不仅要有高尚的道德、丰富的知识，还要有健康的体魄，主张一个人要德智体全面发展。他经常对人说："一个经常注意锻炼身体的人，便不会为风雪的寒威所吓倒……锻炼的确是重要的事情。"

刚出生的孩子，皮肤细嫩，肢体柔软，像个可爱的粉红色肉团，似乎小小的胳膊和腿连伸直的力量都没有。提到新生儿的运动，也许有人会很惊异地问："这么小的婴儿难道也需要做运动吗？他的身体能行吗？会不会弄伤孩子呢？"

回答是：婴儿的确需要运动，但他们不会自己做运动，需要妈妈来给他做。但婴儿的身体确实很脆弱，一不小心就容易受伤。曾经就有妈妈为新生孩子做运动时用力过大，弄伤了孩子的韧带。所以，婴儿的运动往往是在妈妈为孩子做护理和按摩的过程中进行。

妈妈通过日常生活中对孩子的护理来达到让孩子做运动的目的，进而培养孩子进行各种基本动作的能力。比如，妈妈可以结合洗澡、穿衣服等生活环节为他进行身体按摩、四肢伸展等运动。

某些姿势是新生儿特有的，无论仰卧还是俯卧，他都会把头转向偏爱的一面，并把四肢向体内弯曲。要让婴儿采取更成熟的姿势，妈妈可帮助他做些轻柔的腿部练习，弯曲并伸直他的腿。

婴儿的脑袋相对较大，接近于身长的1/4，这对背部和颈部的肌肉承受能力来说显然过重。妈妈每天三次面朝下抱着他，可强化他的颈部肌肉。

在换尿布的时候，妈妈可轻轻弯曲孩子的膝盖，拉直他的腿，这样有助于孩子提早学会正确的姿势。

"爬"出一片健康活力新天地

俗话说"三翻、六坐、八爬"，意思就是：孩子3个月会翻身，6个月会坐，8个月会爬行。在爬行的过程中，孩子头颈抬起，胸腹离地，用四肢支撑身体的重量，使手、脚、胸、腹、背、颈都得到了锻炼，为站立和行走打下了基础。

此外，孩子会爬以后，活动范围增大，接触的事物增多，对孩子的大脑发育和智力发展也很有益。所以，爬行是孩子发育过程中一个必不可少的阶段。

不过有些父母发现，别人家的同龄的孩子已经欢快地在地毯上爬来爬去，用自己的小手去触摸不远处那个笨笨的玩具熊了，可自己的孩子依然要人抱，依然躺在小被子里不肯伸腿。即使把孩子放在开阔处，孩子也只是瞪大眼睛，却不肯动弹一下。

怎么办呢？

1. 尽量给孩子提供学爬的机会

有时候孩子不肯爬，是因为没有机会锻炼爬。有的妈妈担心孩子学爬会引起意外，宁愿自己抱着，这样一来，孩子对你的怀抱有了依赖性，自然不会去学爬了，毕竟妈妈的怀抱最温柔。所以，不要让孩子整天呆在婴儿床里、推车上、学步车里，也不要经常背在背带里，要给孩子学爬的机会。

2. 为孩子提供适合爬行的环境

地板太硬，会磨疼孩子的膝盖，让他不敢爬；床垫太软，孩子根本爬不起来；竹席摩擦力太小，孩子也没法爬……让孩子爬行的地方不要太软或太硬，也不要太凉，你应该为孩子准备一个软硬适度的垫子，让他在垫子上练习爬行。此外，当孩子学习爬行时，不要给孩子穿太厚重的衣服，衣服的款式以简洁大方为宜，更不要穿限制爬行的衣服。

3. 鼓励孩子放心、大胆地爬

孩子在初学爬时，心里会有一定恐惧，尤其碰到不确定情况时，总是抬起头看妈妈的表情。如果妈妈不耐心鼓励，孩子就不愿意再爬行。

4. 多做爬行训练

孩子 7～8 个月时，每天都应该做爬行锻炼。爬行对孩子来说，并不是轻而易举的事情，有些孩子不爱活动，更要努力训练。

训练爬行时，先让孩子趴下，呈俯卧状，把头仰起，用手把身体撑起来。把孩子的腿轻轻弄弯，放在他的肚子下。在孩子的面前放些会动的、有趣的玩具，如不倒翁、会唱歌的娃娃、电动汽车等，以提高孩子的兴趣，启发、引逗他爬行。

如果孩子俯卧时，只会把头仰起，上肢的力量不能把自己的身体撑起，胸、腰部位不能抬高，腹部不能离床时，妈妈可以用一条毛巾放在婴儿的胸、腹部，然后提起毛巾，使孩子的胸、腹部离开床面，全身重量落在手和膝上，反复练习后，待小腿的肌肉结实，能支撑身体重量时，也就渐渐地学会爬行了。

5. 带孩子就医，看孩子是否有某方面的疾病妨碍爬行

如果孩子已经有 15 个月大，而且也具有良好的爬行环境，父母已经采取了各种各样的措施，提供了各种各样的机会后，孩子还是不会爬，这时就需要带孩子去就医了，看看孩子会不会有先天性的疾病，妨碍其学习爬行。

导致孩子无法爬行的疾病主要有以下几种：

（1）先天性运动系统疾病

患有先天性运动系统疾病的孩子出生时身体发软，仰卧时四肢蜷曲，身体活动少、幅度小，很晚才学会抬头。

（2）脑瘫痪

患有脑瘫的孩子抬头困难，上肢不能支撑身体，脚的踢蹬动作少于正常孩子，坐、爬、行走等能力也明显落后于同龄孩子，即使能爬，动作也可能显得怪异。

（3）先天性髋关节脱位

患有先天性髋关节脱位的孩子和存在肌肉、神经麻痹的孩子，也会影响爬行动作的发展。

如果你发现自己的孩子有类似以上的症状出现，请一定带他到医院就诊，及早治疗！

总之，爬对孩子的生长发育有很大的促进作用，可使思维、语言及想象力得到相应提高，可使动作更敏捷，求知欲更高，情绪更愉快，同时也促进骨骼发育，为日后站立和行走打下基础。

“走”好孩子人生的第一步

当你的孩子已经学会扶着栏杆站立，并表现出往前移动的愿望时，这就表示，从现在开始，孩子要开始学步了，但从扶着走到独自走还有一个相当长的过程。

在这个过程中，父母若多了解一些孩子学步期的关键问题，无疑会对孩子的顺利学步起到良好的辅助作用。

1. 了解孩子动作发展状况。

孩子走的动作发展分为 5 个阶段：

第一阶段　10～11 个月：此阶段是孩子开始学习行走的第一阶段，当孩子扶站已经很稳了，甚至还能单独站一会儿时，就可以开始练习走路了。

第二阶段　12 个月：蹲是此阶段重要的发展过程，父母应注重孩子站——蹲——站连贯动作的训练，如此可增进孩子腿部的肌力，并可以训练身体的协调度。

第三阶段　12 个月以上：此时孩子扶着东西能够行走，接下来必须让孩子学习放开手也能走两三步，此阶段需要加强孩子平衡的训练。

第四阶段　13 个月左右：此时父母除了继续训练腿部的肌力

及身体与眼睛的协调度之外，也要着重训练孩子对不同地面的适应能力。

第五阶段　13～15 个月：孩子已经能很好地行走，对四周事物的探索逐渐增强，父母应该在此时满足他的好奇心，使其朝正向发展。

2. 选择适宜孩子的辅助方式

依照以上五个走路动作发展的不同阶段而给予不同的辅助方式。

第一阶段：父母可利用学步用的推车或学步车，协助孩子忘记走路的恐惧感觉学习行走。

第二阶段：父母将玩具丢在地上，让孩子自己捡起来。

第三阶段：父母可以站在两头，让孩子慢慢从爸爸的这一头走到妈妈的那一头。

第四阶段：让孩子练习爬楼梯，如家中没有楼梯可利用家中的小椅子，让孩子一上一下地练习。

第五阶段：可利用木板放置成一边高、一边低的斜坡，但倾斜度不要太大，让孩子从高处走向低处，或由低处走向高处，此时父母须在一旁牵扶，以防止孩子跌下来。

小小运动员，随时做锻炼

年龄太小的孩子很难有机会到空气清新的野外去活动，普通的人家通常也不会有专门的健身房。如果我们把孩子带到社区公共场地去锻炼，会发现那里的体育设施都是为成人准备的，根本不适合孩子使用，如果专门给孩子购买儿童专用体育用品，大多数父母又承受不起其高昂的价格。

妈妈们不禁要问："我的孩子应该到哪里去做运动呢？"

其实，这个问题并不难解决——利用家里的日常生活用具，就可以让孩子随时随地做运动。

攀登"楼梯峰"

1～3岁的孩子在楼梯上无论爬还是跳，都是对腿部肌肉的良好锻炼。做几个彩色的脚垫放到楼梯上让孩子上下左右跨越，既富有挑战性又会让孩子觉得有趣，同时还能使孩子对高度概念有更加清晰的认识。这时家长要在一旁做好防护工作，避免发生意外。

征服"椅子岛"

1～3岁的孩子可以在椅子上爬上爬下，这样可以强化孩子手臂和腿部的力量，同时还是建立孩子立体空间高度概念的好机会。

床上：弯腰看世界

1岁多的孩子会试着弯下腰，从两腿之间去看世界。你可以把孩子放在床上，在他弯腰时顺势抓住他的大腿和腰部，帮助孩子完成一个漂亮的"前滚翻"。这可以训练孩子的平衡感，让孩子的动作更加协调。

其实家里的很多西都可以让孩子很好地锻炼，只要爸爸妈妈开动脑筋，就不怕孩子不爱运动！

0～1岁肢体运动智能开发训练

我站起来了

在一天中让孩子站直几次，并可让他走几步。当然，你得扶着他。这一运动能让他体味行走的感觉。

围巾舞

当你和孩子一起跳舞时，请一边移动他的手臂，一边随着节奏舞动一条色彩鲜艳的围巾。记住每次用不同颜色的围巾。这个游戏既有利于情感联系，又有利于体质发育。

紧握小球

将两个棉球系在一件有弹性的物体（如皮筋、松紧带）两头，你抓住一个，让孩子抓住另一个，你轻轻地拉开弹性物体一点儿，然后弹回去，让孩子也这样做。请多重复几遍。这一活动能增强孩子的肌肉力量，并教孩子知道力是如何产生作用的。

蹦蹦跳

将孩子放在活动座椅上，面对厨房，以便你做饭时能吸引他的注意力，请注意椅子要能让孩子身子往前挪，并在椅子上放一些会出声的小玩具，这会引起孩子的注意。这种身体活动能增强腿部力量，为行走做好准备，玩具能增强他抓握物体等细小动作的协调能力。

学步车

在你干活的时候，可以把孩子放在学步车里，在车前面挂一些玩具，并注意经常更换玩具。在能行走之前，移动是非常令人愉快的，许多孩子一直到三岁时，还觉得这种活动有趣。

抓球

在玩滚球和抓球游戏时，你可以故意几次不让他轻易拿到球，以鼓励他去寻找，将球放到沙发背后是很好的玩法。这个游戏鼓励孩子对运动感兴趣。同时，将球滚到沙发背后，有助于其记忆力的发展。

拍手游戏

拍手游戏应从最基本的做起，等孩子熟练后再变换手法。这个游戏增强了孩子动作的协调能力，同时记忆力和语言能力也得到提高。

奇妙的小盘

在一个塑料盘子中放一些东西使其成为一个奇妙的小盘，以供他触摸。你可以用下面这些东西：烹制的意大利通心粉、果冻、小冰块、泡沫冰淇淋、棉球和碎纸。形式多样的触觉感受会营造一个新的环境供孩子探索。

1～2 岁肢体运动智能开发训练

趟水

找一个小水潭，脱掉鞋，从水中走过，在你走的时候握住孩子的双手，并说明在水里抬足、迈步要比陆地上难。这个游戏培养了孩子的肌肉知觉、意识和因果关系感知能力。

贴胶带

在孩子衣服上粘一条胶带，让他体会揭下来的乐趣，然后让他在你身上也粘上胶带。这是一个加强孩子精细动作技能，讲授因果关系的游戏。

感觉书

把一些不同质地的东西订在一起，做成一本能培养感觉的书；其中有的用的是非常精细的砂纸，有的则是丝绸等。这个游戏发展了孩子的精细动作技能，并提供接触不同质地物品的经验。

爬楼梯

帮助孩子上下楼梯。许多孩子上得去却下不来，花点时间教孩子怎样从楼梯上爬下来。这种活动需仔细监护。这个活动可以锻炼孩子的大动作技能。

击球游戏

把一个球用绳子吊在天花板上，吊的高度应是孩子能轻而易举碰到的。教孩子如何去击球。孩子长大能够熟练掌握后，把球升高。你需仔细监护游戏的完成，并妥善处理绳子。这个游戏可以加强孩子精细动作技能和大动作技能，展示因果关系。

按按钮

给孩子一个老式计算器，最好是键钮很大的那种。让他看到按键钮后有何变化。鼓励他在玩买东西游戏中扮演收银员使用计算器。这个游戏可以培养孩子精细动作技能，激发孩子的想象力，并讲授了因果关系。

碰撞

你和孩子各自捧一只小球或积木，让球或积木相撞。这个游戏可以发展孩子的精细动作技能，锻炼孩子同时处理两个物体的协调能力。

餐桌圆转盘

在圆转盘上放上各种不易打碎的东西，教孩子如何去转动，并观察盘上发生的一切；把转盘时而转快，时而转慢；试着把东西放在转盘中央，然后是放在转盘边缘。这个游戏使孩子懂得因果关系，并训练了精细动作技能。

打保龄球

把 3 个空的纸巾筒放成一排，让孩子从几十厘米远的地方把一个沙滩球滚过来，将它们撞倒。当孩子熟练掌握后，把圆筒放得远一点，并且再增加几个。这个游戏培养孩子大动作技能，可以增强孩子的自信心。

小猪孩子

找一只猪形储蓄罐，帮孩子把硬币往里塞，先是1元的硬币，接着是5角的硬币，最后是1角的硬币。这个游戏可以发展孩子的精细动作技能，并教授孩子大小和形状的概念。

米饭团

把手洗净，做一些糯米饭，让孩子自己做饭团当晚餐。这个游戏主要是发展孩子的精细动作技能和培养劳动意识。

变小的球

分开双腿和孩子面对面坐在地板上，前后滚动一只沙滩球。孩子掌握这个动作后，换一个小点的球，直到换成一个高尔夫球大小的球。这个游戏可以发展孩子的精细动作技能，并介绍了大和小的概念。

挤海绵

在户外或厨房地板上，把3块海绵放在一桶水里。当你把海绵放入水中后，让孩子看到它们是如何吸水的。再让孩子看如何把水挤出。把此过程重复一遍。这个游戏可以锻炼手臂肌肉，并展示因果关系。

直线走路

在人行道或空地上用粉笔画一条约1.5米长的直线。你先示范如何沿线走路，然后让孩子试试看。当他熟悉了这一技巧后，把线画长些，让他再试一遍。当他能做得很好时，让他自己也画一条线。这个游戏可以训练孩子的力量和平衡性，发展精细动作技能。

他们出来了

将礼品包装纸卷成一根大口径的管子，让孩子看你如何把小玩具从这头塞进去又从另一头出来。变换管子的角度，看看玩具运动的情况会有何变化。这个游戏教授孩子物体的永存性特点和因果关系，并发展精细动作技能。

串珠子

把一些彩珠放在一个容器里，彩珠应大到不致被孩子吞下。开始时串成简单的式样，比如，先是大而圆的蓝珠子，然后是红色的方形珠子。照此式样串，然后让孩子接着做。最后当孩子熟练时，就可改成更复杂的式样。这个游戏教孩子颜色、尺寸和形状的概念，发展学前数学技能。

踩步子

跟着孩子，他踩在哪儿，你也踩在哪儿，他怎么做你也怎么做。然后再交换位置。注意步子不要太大，这个游戏如果在沙滩上玩效果会更好。这个游戏训练了孩子的协调性和记忆力，激发孩子的模仿能力。

2～3岁肢体运动智能开发训练

蜘蛛织网

扮成正在训练织网的蜘蛛。在纸板四周打上孔，用纸板练习织网。给你的孩子一些色彩鲜艳的毛线，将线头用胶布胶起来，像一根根鞋带，教他如何将毛线穿过纸板上的眼，或在纸板上穿线，编织有趣的图案。这个游戏可以锻炼孩子手眼协调能力和写字所需的精细动作技能。

弹球

对着墙壁投球或踢球，并尽可能让球弹回你处。在球弹回之前看看你能拍手几次，尽量轻轻投或踢，以便在球弹回之前可以多拍几下手。这也是增强孩子手眼协调能力、大动作和精细动作技能的游戏。

袋鼠过溪

用粉笔在水泥地上画两条间距为半米的平行线，教孩子如何下蹲，并跳过两条线之间的溪流。在孩子掌握后，可以将间距画得更大些。这个游戏可以提高孩子的敏捷性、平衡和协调能力，并激发想象力。

瓶子保龄球

将一些一升的塑料瓶弄干净后灌满水当保龄球，在每个瓶中灌入不等量的水，例如，一些几乎没水，而一些近 2/3 满，并拧紧盖子。摆好每个瓶子，滚动球撞倒瓶子，向小孩解释水多的瓶子重，因此难撞倒。这个游戏让孩子理解因果关系、质量和重量概念，并锻炼孩子的大动作技能和手眼协调能力。

动物大游行

像动物一样行走，如：像小兔子一样蹲着跳、像袋鼠一样跳、像大猩猩一样行走（半蹲着，两边晃着手臂），也可试试其他动物，如大象（握着手臂当象鼻子）或者青蛙（蹲下后跃起）。游戏时，轮流说动物名字，然后做该动物发出的动作。这个游戏可以激发模仿和想象力，并且提高精细动作和大动作能力。

气球篮球

吹一些气球，取一个篮子或空盒。站在离篮子或盒子几步远处投气球，看你是否能命中目标。当孩子掌握这一技能后，开始玩气球排球，看你们能相互垫球几次。记录你们的最高次数，争取下一次玩的时候打破记录。这个游戏可以开发运动能力，锻炼数数技能。

树上的香蕉

在过道上孩子够得着的高度以上 10 厘米处系一根毛线，在毛线上每隔 5 厘米挂一布条当作香蕉，让孩子扮成猴子跳着摘树上的香蕉，看看他能拿到几根。游戏完成后，妥善处理掉这些毛线和布条。这个游戏可以培养孩子大动作技能和协调能力，并激发想象。

高难度平衡

扮成一杂耍演员，向小孩演示如何将沙包放在身体各部位，如手、肘、膝、前额、下巴、脚等。这个游戏可以培养孩子身体的协调性和平衡性，并提高解决问题的能力，而且一定程度上激发想象力。

扫帚曲棍球

将两个枕头间隔 1.5 米放在地上当球门，给孩子一把大扫帚和一个球，让他推着球绕卧室走，如果他控制得较好，鼓励他进行射门，你还可以向他演示如何射中目标。这是一个培养孩子大动作技能和手眼协调能力的游戏。

趣味跟跑

按一定的形式：8 字形、波形、直线、圆形和大三角形跑步，让孩子试着照你那样跑，看他能否做到。还可以让孩子自行设计线路，大人跟着孩子跑。这个游戏可以锻炼大动作技能和手眼协调能力。

农家乐

扮成一个农夫，假装捆稻草——用想象的叉子铲稻草，捆好后铲在你的肩上；假装喂小鸡——伸腿、弯腰，手在身前左右晃动；假装抚摩一只小猫——蹲下去然后慢慢站直；假装在烂泥中行走——就像双腿插在烂泥中，将膝盖往上抬到大腿处；假装耙地——弯腰、耙土；另外再假装除草——蹲下、手够到两腿中间；假装从地里拔东西。这个游戏可以激发想象力，并锻炼大动作和精细动作技能。

喂狮子

取个水桶，将它视为狮子的嘴巴。向孩子演示如何给狮子喂食物——往桶里扔动物玩具。当他掌握得较好以后，往后多退几步。这是一个加强大动作技能、手眼协调和激发想象力的游戏。

摘太阳

向孩子演示如何扮成一棵树，让他能在激烈的体力活动后安静下来。开始时是土里的一粒种子——蹲伏着、蜷成一个球、闭上眼睛，接着演示如何静躺一会儿安静下来，然后演示如何舒展开来，慢慢站起来，踮起脚尖去够太阳，将指尖伸得越高越好，然后一边将双手在头顶展开，一边数到3。完成游戏后，深吸一口气，数1、2、3时屏气，然后呼气。这个游戏可以锻炼大动作技能，并教授孩子数数。

更复杂的形状

当孩子知道直线、弧线、波形线后，向他演示更加复杂的形状，如心形、星形，让孩子用手指随着图形依样画葫芦。当他知道这些形状后，要求他用蜡笔依样画葫芦。这个游戏可以提高手眼协调技能和锻炼精细动作技能。

圈方块

帮助孩子练习画弧线，并将不同颜色和形状的剪纸粘在纸上。你一边说，如“在黄色正方形外画圈”，一边要求他根据你所说的画一个圈。你也可以用动物、家人或喜欢的食物的图形来替代。这个游戏可以练习手眼协调技能和精细动作技能。

粉笔汽车

先将一些建筑物的图片贴到一张大纸上造一所纸城，向孩子演示你如何驾驶粉笔做的汽车在建筑物之间穿梭，然后让孩子也来开一下。这也是一个练习手眼协调技能和精细动作技能的游戏。

第9章

让孩子感受推理的快乐
——数学逻辑智能开发

学数学不只是为了计算
提高数理逻辑智能从数数开始
找出藏在每个角落里的数学
简单易行的数学能力培养方法
0～1岁数学逻辑智能开发训练
1～2岁数学逻辑智能开发训练
2～3岁数学逻辑智能开发训练

人们往往认为数学逻辑智能就是算术，只是一种加减乘除的计算能力。事实上，除了计算之外，数学逻辑智能还包含逻辑和推理、模式、可能性和科学的分析，是处理一连串的推理、识别、模式和顺序的能力。人类对自然科学的认识正是以数学为基础。

学数学不只是为了计算

数学逻辑智能是人类智能结构中最重要的基础能力之一，是处理一连串的推理、识别、模式和顺序的能力。

人们往往认为数学逻辑智能就是算术，只是一种加减乘除的计算能力。事实上，除了计算之外，数学逻辑智能还包含逻辑和推理、模式、可能性和科学的分析。有时，数学逻辑智能还包括一种倾向，如建构问题、发现问题。

人类认识自然界的一个重要方面就是认识自然界的各种数量关系和形状、空间概念，并通过利用这些数量关系和形状、空间概念改造自然。

具有很强的数学逻辑智能的人通常都是一些喜欢保持自己收支平衡的人；是一些能很快地决定是租车合算还是买车合算的人；是一些经常依据事实判断做决策而不是感情用事的人，往往可以成为会计师、财务分析员、科学家、工程师、发明家和生物学家。

数学逻辑智能其实是用来分析问题和考虑解决问题的可能性的。在许多方面，游戏都提供了安全、可控制和有趣的方式去发展孩子的数学逻辑智能。在游戏中，孩子们会观察到什么行动产生什么反应，不同的开始会导致哪些不同的后果。通过游戏，孩子们的逻辑推理能力也会有所提升。

提高数理逻辑智能从数数开始

学数学从数数开始

不少学龄前孩子，有的甚至在两三岁时，就能从 1 数到 10，甚至更多。但有些孩子虽然能说出数字却不能和数量做联系。见到 3 个苹果，并不知道究竟是几。与其说他们是在“数数”不如说他们是在“背数”。因此，父母在孩子数数时，不能操之过急，应多点耐心。让孩子从一边口里有声，一边用手摸摸物品，逐渐过渡到用眼睛“默数”。

日常生活中，能够用数字准确表达的概念，父母们应尽量讲得准确。也可用日常生活中的数字关系，帮助孩子掌握一些增加、减少的概念。同时还应注意使用“首先”、“其次”、“再次”等序数词，让孩子头脑中建立更清晰的条理性。

形成基本空间概念

大人们通常都以为孩子天生就知道上下左右、里外前后等空间概念，事实并非如此。父母可利用日常生活中的各种机会引导孩子，比如：“请把勺子放在杯子里面。”对于孩子来说，掌握左右概念要难些，可以从身体或日常生活入手，使孩子慢慢领会并掌握左右的概念。

了解类别的概念

首先，应灌输给孩子一些类别的概念，如沙发、椅子都属于家具；小狗、松鼠都是动物；花、草、树都是植物；面条、苹果都是食品等，使孩子的头脑中有类别的概念，然后再让孩子了解类别下面还会再分类别。如植物——花——玫瑰花、牡丹花、月季花；面条、米饭是主食，苹果、香蕉是水果，它们都属于食物等等。

了解顺序的概念

这种学习有助于孩子今后的阅读，这是训练孩子逻辑思维的重要途径。这些顺序可以是从最大到最小、从最硬到最软、从浓到淡等，也可以反过来排列。

建立时间概念

孩子的时间观念很模糊。掌握一些表示时间的词语，理解其含义，对孩子来说，无疑是必要的。当孩子真正清楚了“在……之前”、“立即”或“马上”等词语的含义后，孩子也许会更规矩些。

找出藏在每个角落里的数学

不喜欢数学的人会觉得数字是枯燥无味的，如果没有得到很好的启发和引导，孩子也会这么认为，但事实上，我们完全可以把数字变成一群有趣的小精灵，让孩子喜欢上它们。其实只要爸爸妈妈用心，就会发现我们的家里到处都隐藏着这些可爱的小精灵。快带孩子把它们找出来吧！

卧室里的数学

卧室是宝宝和爸爸妈妈休息的地方，也是孩子待得时间最多的地方，同样是一个充满了数学的地方。

妈妈可以在收拾衣柜时让孩子帮忙把衣物按照外套、裤子、内衣等分类放置在不同的橱柜里，每一类衣服又按照不同季节再次分类，让孩子熟悉这种分类方式。

把家里的毛巾、手帕、袜子等混合在一起，让孩子按照不同的颜色、大小分类。比如按色彩分类，蓝色类别里就会有蓝手帕、蓝袜子等。这时你可以问孩子："蓝色的一共有几件东西呀？都有些什么呀？"引导孩子数一下，得出最后的答案：一共有 6 件蓝色物品，包括 3 条毛巾、2 双袜子和 1 条手帕。

厨房里的数学

做一顿饭，让 2～3 岁孩子挑几个他喜欢的菜，由你给他做，但让孩子负责准备原料。给他标有刻度的量杯、小碗、调羹等物品，告诉他怎样使用，让他去准备 3 两米、5 杯水、2 勺盐……在做饭的过程中你可以让孩子在一边看着，告诉他炒一个菜需要 2 两油，再让他看看 2 两油到底有多少，从而建立其数量的练习。

让孩子把餐厅里的碗筷、杯子、碟子按照大小、样式等不同方式分类摆放，让他感受一一对应和大小排序的关系。

吃饭前让孩子帮忙分发碗筷，告诉他每个人分给一个碗、2 根筷子、一个汤匙。

平时可以让孩子帮你拿 1 个鸡蛋、2 棵菜，让他通过这样的方式掌握数字概念。不过注意不要让孩子靠近炉火、热汤等危险物，记住孩子的安全才是第一重要的。

客厅里的数学

在墙上挂上有阿拉伯数字的时钟，教孩子看时间。

用几张鲜艳的纸做成电话簿，贴在电话机旁，打电话让孩子念号码，你来拨；教孩子记住一些常用的电话号码，比如爷爷奶奶家的电话号码，训练孩子的数字记忆能力。

在矮几上放一本传统的台历，让孩子过一天就撕掉一张。

告诉孩子家具是什么形状，教给他几何学的基础知识。

家里添置了东西，告诉孩子是多少钱买的，让他明白不同面值的纸币能买到不同的东西。

让孩子把玩具收在一起，再按照颜色、类别、功能等分类摆放。

简单易行的数学能力培养方法

父母要结合孩子的兴趣，不断地和他做数学智能提升游戏，在很自然的熏陶下，让孩子对算术、代数、几何、拓扑学、统计学有一点基本的认识。

下面介绍 7 种简易提升数学智能的游戏方法。

1. 读带有数字的故事

在为孩子做数学智能提升时，父母为孩子选读的书本不妨选用一些带有数字的故事。例如“小白家的小狗生了 5 只小狗，有 2 只是黑色的，1 只是白色的，另有 2 只是小花狗，连同狗妈妈一家 6

口都住在阳台的狗房子里”。

算术中的数量概念和加、减、乘、除四则的运算，都可通过读带数字故事的游戏在无形中传授给孩子。

2. 利用日常行为随兴计数

陪孩子上楼梯时，可以大声计算阶梯的数量：“1 级、2 级、3 级、4 级……哇，宝宝自己走了 15 级楼梯！真棒！”

吃水果的时候可以大声说：“这里有 1、2、3 个苹果；1、2、3、4、5……18 颗葡萄；1、2、3、4 个桔子。宝宝要吃什么？你要吃几个？……吃掉了 5 粒葡萄、1 个苹果，还有 13 粒葡萄、2 个苹果、4 个桔子在盘子里。”孩子会不知不觉地被带入数字的概念中。注意在每次说数字的时候，最好一一指出，让孩子更清晰地明白数数的概念。

3. 玩积木了解具体的数量与物理关系

孩子在玩积木的过程中会无意学到一些关于数学和物理的原理，比如：大部分孩子一拿起积木就会试着把积木堆高，而积木堆得够高时就会倒；当孩子用积木创造形象时，使用的积木在某些位置多放或少放就会改变形状；当孩子用积木做两个一样长短或高度的造型时，两排积木需用的数量必须相同……很多这一类的数学物理原理都在孩子玩积木的过程中不知不觉地学会了。

4. 伸手伸脚量一量

量大小并不一定要用尺子，任何东西都可以作为一个度量衡的单位。比如，孩子可以用自己的脚做单位，从这边的墙壁走到那边的墙壁，看看这房间有几步宽；孩子可以用自己的两只手掌做尺子，从桌子的这一端轮流排到那一端，看看这张桌子有几手长……

就这样，让孩子一边玩，一边建立度量衡的概念。

5. 用拼图培养形状差异的辨别力

拼图有很多种，有一种是一组组的几何形拼块，可以分别拼入不同形状的几何框框里；有一种是将一幅图画切成各种形状的小块，拼合后会出现原来的画；还有一种是中国的七巧板，可以拼出各式各样的图形，任何一种都能加强孩子对形状差异的观察和辨别能力，帮他掌握一些几何学中的基础知识。

6. 通过切生日蛋糕学到分数

大家分享蛋糕时，可乘机介绍比较复杂的分数关系："我们把蛋糕切成 8 快，给了你这 8 块中的一块，给妈妈这 8 块中的另一块，你看爸爸这里还剩下 8 块中的 6 块！"

0～1 岁数学逻辑智能开发训练

滚球与抓球

与你的孩子面对面坐在地板上，腿伸开，四脚相对，将一个大橡皮球向他滚去，然后鼓励他将球向你滚回。沙滩球做这一游戏非常合适。

手腕上的拨浪鼓

在一个腕套上套一个小铃，然后将腕套套在孩子的手腕上。铃儿的响声会吸引孩子的注意力，有助于他们探索因果关系。

打保龄球

轻轻滚动一个大的皮球，将孩子的一个洋娃娃碰倒，重复几遍，然后让他来做。这种游戏会让他理解因果关系。

时钟滴答

在纸上画一口钟，做从 1 到 12 的卡片，帮助孩子将卡上的数字和钟面上的数字进行对应。这个简单的配对游戏，目的虽然不是教小孩认识时间，但会帮助他熟悉钟面上的数字。这是一个让孩子知道数字、符号和名字间的联系，增强配对技能的游戏。

数书

坐在书架前，并让孩子坐在你的膝盖上，慢慢地数书架上的书。开始时只数几本，再逐渐增加，同时按书的颜色进行分类。

1～2 岁数学逻辑智能开发训练

归类

找一个孩子最喜欢的玩具，或是一只填充动物，或是一辆小车，让孩子去找与它相同颜色、大小和质地的玩具。如果可能，把相似的东西收拢放在一个小盒子里。这是一个激发想象力的游戏，可以培养孩子学前数学和分类能力。

量杯装沙

取两只量杯，在一只杯子中装 1/4 的沙，在另一只杯中装满沙，让孩子一手握一只，告诉他哪一只杯子份量重；然后把沙倒成两堆，并告诉他哪一只杯子装有更多的沙。另外，也可换一种方法，试试把沙弄湿的效果。这个游戏向孩子展示了因果关系，并培养了学前数学和精细动作技能。

扔石子

在一只桶或盆中装入 10 厘米深的水，让一块石头从 20 厘米高的地方落入水中，再把另一块石头从 25 厘米左右高的地方落入水中，你可帮助孩子做。然后再换稍大的石头。注意不要用可能伤及脚趾的石头。这个游戏可以展示因果关系，并培养孩子精细动作技能和学前数学能力。

配对

把各种动物的图片贴在墙上，然后把孩子所有的动物玩具放在图下，让他给图片和玩具配对。把玩具熊放在灰熊下方，把玩具象放在象的下方等等。看看哪幅图下有最多的动物玩具。这是一个训练区分、数数和分类能力的游戏。

数台阶

上下楼梯时数台阶，以此作为一项游戏活动。在孩子到达楼上或楼底时，你要表现得很兴奋。为安全起见，你需仔细监护。这个游戏教授孩子数字的概念，并发展了大动作技能。

袜子球

在你准备洗衣服的时候，把每双袜子都卷成一个球，让孩子把它们投到洗衣篮里，每投进一个数一下。这个游戏教孩子数字的概念，并发展大动作和精细动作技能。

分拣篮子

拿三只洗衣篮，在篮底贴上孩子喜欢的玩具图片，比如，在一只篮子底部贴上一张动物玩具的图片，在另一只篮子里放上积木的图片，在整理房间时，让孩子帮助你分门别类地将玩具放入篮子。这个游戏培养孩子的分类能力。

动物饼干

抓一把动物饼干放在盘子里，帮孩子根据饼干的动物形状分成几堆。如狮子、老虎和熊等等，结束时数一数哪一种动物最多。这个游戏可以培养孩子分类和数数的技能，并激发想象。

教我识数

午饭时，让孩子给你一块餐巾，并给他自己也拿一块，稍后一段时间让他给三个或更多的人拿餐巾。这个游戏可以让孩子以多种方式展示其智力，不止依次计数一种。这种方法会使他学会在现实生活中计数。

填格子

在纸上画两个一样大的格子，给孩子一些玩具（能装入格子）。拿两个玩具，放在两个格子中，现在让孩子在其中一格中加一个玩具，使之多于另一个。多次重复这个练习，直到他能完成这项任务，再试着用增加数目，每次都让小孩在其中一格中加入玩具，使之多于另一个。这个游戏可以教孩子数数和数字识别，让孩子进行比较并判断多少。

2～3 岁数学逻辑智能开发训练

葡萄

在吃点心时，将 6 个葡萄放在小孩面前。分成两组，一组有 1 个，另一组有 5 个，让他说出哪一组葡萄多，哪一组葡萄少。再将葡萄分成两组，一组 2 个，另一组 4 个，再让他说出哪组多哪组少。完成游戏后，吃掉葡萄。

九宫格游戏

在纸上画一个九宫格，在格子里填入两个不同的数字，要你的小孩一边指着格子内的数字，一边说出数字。假装一个玩具从一个格子跳到另一个格子来教他如何将同样的数字配对。这也是个锻炼手眼协调和识别数字能力的游戏。

说出数字

给数字 1 到 5 各做三张卡片，将卡片摊在小孩面前，随手拿起一张，告诉孩子数字，如“这是3”，让小孩根据数字把卡片分类整理。你也可以让他拿一张卡片，说出卡上的数字。可以用这个游戏教孩子识别数字，并锻炼孩子分类整理能力。

哪只多？

在一个短而粗的玻璃杯中装入有颜色的液体，在一个细而长的玻璃杯中装入与第一只同样高度的液体，问问小孩两只瓶中的水是一样多吗。然后将水倒入两只大小完全一样的碗中，看看他的答案是不是正确。这是一个传授大小、形状和颜色概念，培养学数学前能力的游戏。

第一次乘火车

将3个鞋盒订在一起，按顺序写上1、2、3，然后让孩子拿3个玩具动物，假装它们正在排队等着上火车。告诉他谁是第一，谁是第二，谁是第三，让他将动物放入对应的车厢中。游戏中，尽量教他“第一”、“最后”和“中间”这些词。掌握这些概念后，你可以再加3个盒子和3个动物，教他第4和第6的概念。这个游戏可以锻炼孩子的排序技能，教孩子数学概念，并增加词汇。

抛球

和孩子面对面站着抛球。抛球时，尽量轻点，要知道他不一定都能接到。每次抛球时，大声数数，让孩子跟着你叫。数到10，再重新开始。当他熟悉1到10后，试着数到20。可以锻炼孩子的数数和手眼协调的能力。

第10章

“画”出一片美好未来
——视觉空间智能开发

艺术培养始于正确的观念
正确对待孩子的作品
还给孩子一个色彩缤纷的世界
两岁半是培养空间感的最好时期
0～1岁视觉空间智能开发训练
1～2岁视觉空间智能开发训练
2～3岁视觉空间智能开发训练

视觉空间能力包括了视觉的辨别、认知和对空间的认识、理解，是人类认识世界、获取知识的基本能力之一。视觉空间能力不足的人会在生活中遇到很多困难，直接影响其生活的质量；而视觉空间能力较强的人则会把生活变成一门真正的艺术，生活得多姿多彩。

艺术培养始于正确的观念

视觉空间能力对孩子幼儿期的认知发展有很大的促进作用，视觉空间能力强的孩子在很多事情上都能比其他孩子进步快。拥有不同视觉空间能力的孩子，具体的认知能力也各有差异。

例如，有的孩子对形状的辨认能力很强，但有的孩子就要很久才能学会基本的图形；有的孩子很容易就能将相似的拼音字母区别开，有的孩子却总是混淆；有的孩子认字很快、很准确，有的孩子却张冠李戴、左右颠倒，笔画顺序总是错误……这些现象的部分原因就是由于视觉空间能力上的差异。

0～3 岁孩子的视觉空间能力主要体现在绘画上，但视觉空间能力并非就是绘画能力。我们的目标是通过培养视觉空间能力发展孩子的想象力和创造力，使孩子的潜能更大程度地被挖掘出来。

现在的父母越来越重视对孩子艺术修养的培养，但如果心态不正确，不但不能进一步提高孩子的能力，还可能扼杀他已有的天分。因此，树立正确的观念是父母在培养孩子艺术修养前必须的工作。

1. 错误的培养观念

父母在培养孩子视觉空间能力时容易产生一些错误的态度，通常有以下几种：

过分乐观

有的孩子刚刚能画出一只看上去比较完整的小鸟时，父母就沾沾自喜，觉得自己的孩子在绘画方面很有天分，今后可以成为画家，于是对孩子放松要求，满足他的各种愿望，使得孩子骄傲自满、不求上进。

转嫁梦想

有些父母自己年轻时可能有美术的爱好，或成为画家的理想，但因种种原因而未能实现，于是便一厢情愿地希望孩子能学习美术，将来当个画家，却忽视了孩子真实的、自己的爱好。须知，"兴趣是学习的动力"，强迫孩子做他不喜欢的事情，只会使孩子产生逆反心理，最终什么也学不好。

主观强迫

还有些父母的态度与上一点本质相同，但表现正好相反。他们自己不喜欢绘画，就对孩子的绘画天分和兴趣视而不见，按照自己的意愿强迫孩子放弃美术，学习音乐、体育等其他技能。

急于求成

有的父母为了让孩子的学习尽快出成效，就违背其生理、心理发展规律，剥夺孩子其他的爱好和玩耍时间；如果孩子不能在短时间内取得较大的进步，就对他进行责备。其实这样只会挫伤孩子的求知欲，使他对绘画产生畏惧、厌恶的情绪，对能力提高多害少益。

2. 正确的培养观念

正确的态度应该是珍惜孩子的美术才能，循循善诱，给予正确的指导，努力培养和提高孩子的观察力、创造力，进一步提高孩子的综合美术能力。

自由发挥

常看见父母指着孩子画的画说："这个小鸭子画得不像……兔子的耳朵根本不是这样的……"，要求直线一定要直、圆圈一定要圆、画面一定要与实物相符。事实上，幼儿的生理、心理状况决定了他们不可能完美地再现事物，与单纯的技能训练相比，孩子更需要的是自由的探索和表达。强迫孩子按照成人的思维绘画，只会扼杀他的想象力和创造力。

以"玩"为主

有些父母在孩子刚刚能拿笔的时候就急着把孩子送到绘画班，其实幼儿期的美术学习主要是为了发展孩子对美术的兴趣和爱好，掌握初步的美术知识，学会使用简单的美术工具，为进一步发展打好基础。这些培养完全可以在家里通过游戏进行。培养幼儿的视觉空间能力应遵循以玩为主的原则，在不带强制性的游戏中学习技巧、发挥才能。

等待

在孩子进行美术创作的时候，要给予他充足的时间，允许他按照自己的思路和安排去表现思想、表现自我。在这过程中，他难免会遇到阻碍，你不要急着告诉他答案，应该耐心地等待，让他自己努力找出解决问题的方法。艺术创造需要自主的探索。

我们不一定要把每个孩子都培养成画家、艺术家，但我们一定要以正确的态度来对待孩子的艺术教育。只有这样，孩子身上的天分才会被挖掘出来，孩子的视觉空间能力才能得到更好的发展。

正确对待孩子的作品

孩子眼中的世界和成人的大不相同，在他们的作品中，小鸟可以有四只翅膀，这样飞得更快；太阳可以是蓝色的，所以照得大海也是蓝色的；爸爸妈妈可以变得比孩子更小；宝宝可以比楼房还高……如果你的孩子画出一幅幅奇奇怪怪、不合常理的画，你是该夸奖他还是该责怪他呢？千万不要用对待成人绘画作品的态度来对待孩子的绘画作品，想象力和创造力最怕规矩的束缚。

1. 错误的态度

小孩子都是乱画

当妈妈正在认真地读书，爸爸正专注地看电视转播足球比赛时，孩子拿着他的画兴冲冲地跑了过来，给他们看。结果却得到一些不耐烦的敷衍："好，好，妈妈看书呢（爸爸看电视呢），宝宝自己玩。"孩子期待中的欣赏和表扬落空了，积极性又一次被打击了。如果你认为小孩子都是乱画的，没什么可表扬的，哄哄就行了，那么你就忽视了这种"乱画"能力的巨大潜力。哪一位画家不是在这种“乱画”的基础上成长起来的呢？

画得像才是画得好

前面我们已经说过，并不是画得像的才算画得好。世界著名抽象派绘画大师毕加索的作品跟现实中的事物一点也不像，我们能说毕加索画得太差吗？

孩子画画不用教

有的父母认为孩子的画就贵在“自然”二字，为了不让这种“自然”泯灭，就不能接受正式的学习训练，而应该让孩子自由成长。这样的教育理论不算完全错误，但只适合会画简单线条的初级学画的孩子。当孩子逐渐长大，需要构图、配色的时候，如果缺乏专业的指导，他就会表现得缺少章法、无从下笔。一般来说，大人还是要教孩子画画的方法，但不应规定具体怎么画。只要尊重孩子的选择，就不用担心指导会束缚孩子的想象力。

学画以参加比赛为目的

当画画作为一种游戏时，孩子的精神会特别放松，并从绘画中感受到乐趣。当画画必须以比赛为目的时，就会给孩子造成不必要的负担，有了压力，他反而画不好。

2. 评判儿童画的标准

对待儿童画与对待成人画的态度应不同，评判儿童画与评判成人画的标准也不一样。每一对父母都应该学会尊重孩子的作品、正确评判孩子的作品。

家长可以参考以下标准来认识评价儿童画：

背景、颜色饱满

画的背景不能是一片空白，要用图像或颜色涂满。色块涂得越均匀，颜色看上去越饱满，就说明孩子完成得越好。

主体较大

画中的主体要画得相对比较大，有凸显的效果。如果一张纸上只有一个拇指大小的东西躲在角落里，就不能算画得好。如果占了一半的画纸，即使画的是一片树叶，相对也算完成得较好。

有内容

我们不能期望儿童的画表达多么深刻的思想，或多么丰富的内涵，若能描述一个简单的场景或一个完整的事件，就可以称得上佳作了。

有新意

只要在图像、颜色、内容等某一方面有独到之处，就是有特色的作品。

只要孩子的画达到了以上这些要求，就可以算是一幅好的儿童绘画作品了。

还给孩子一个色彩缤纷的世界

如果条件允许孩子拥有自己的房间，那么就把它布置成一个色彩缤纷的童话王国吧。适当的色彩搭配既能让孩子住得开心舒适，又能培养他的艺术感觉和视觉空间能力。不必请专业的装修师，父母自己就可以布置出一个温馨又漂亮的儿童房。

1. 了解色彩对人的不同影响

色彩可以影响人的情绪和心理，不同的色彩给人带来不同的感受。要想让孩子住得心情舒畅，首先就得了解颜色对人的影响和作用。

白色

代表干净、整洁、简单明了，但对孩子来说，可能过于严肃刻板，会使孩子紧张、消沉。

黑色

让人心情压抑、疲劳、沮丧，通常没有人会用黑色来装饰房间。

红色

能刺激神经系统，使人处于兴奋状态，但也容易使人感到疲劳。如果婴儿房红色过多，就可能导致孩子躁动不安。

橙色

会使神经系统兴奋，让人精力充沛。有些孩子本来就精力旺盛、比较好动，如果房间里的橙色过多，就会让孩子保持亢奋状态，很容易影响孩子的休息。

黄色

能刺激消化系统的活动，但也会使神经兴奋，因此更适合用于餐厅而不是婴儿房。如果要用，最好采用较浅的黄色。

绿色

有镇静的效果，能促进身体平衡、帮助消化、消除疲劳，适合婴儿房使用。

蓝色

能调节身体平衡，消除紧张情绪，使人优雅娴静。蓝色可以作为婴儿房的主色调，但颜色不宜太深，以浅蓝为好。

了解了各种颜色的作用后，下一步就要利用不同的颜色打造漂亮的婴儿房。我们要让孩子的房间呈现一种色彩缤纷又祥和安宁的景象，吸引孩子在平静中去关注、探索、思考，在潜移默化中培养美感而又不显得杂乱繁复。

浅色做主色调

淡黄、淡蓝、淡绿、粉色等使人感到轻松、愉快，可以作为婴儿房的基本色调。

深色做点缀色

鲜艳的红、橙、黄、绿等暖色能反射较多的光线，在视觉上放大事物的外形，可以作为婴儿房的点缀色。

黑白色慎用

白色和黑色要慎用，即使要用也只能是小块的、点缀性的。

2. 具体布置

- 环保和安全是一切的前提。婴儿房的所有物品都应该是自然无异味、无刺激的环保产品。
- 一些小摆设，如台灯、花瓶等都要选用安全不易碎、形象夸张生动的。
- 选择可清洗的墙壁涂料，或在墙和地板上贴上大块的纸张，开辟出专给孩子涂鸦的场地。这样既满足了孩子涂写的要求，又不会让你为了不断擦洗而劳累。
- 一些容易使孩子受伤或者容易被孩子吞咽的物品，决不能出现在婴儿房中。
- 家具色调要与墙壁的主色调区别开来。
- 可在天花板和墙壁上画上大块的几何图形或者贴上卡通画和人物画，还可以把鲜艳、发亮的玩具挂在天花板和家具上。
- 家具、窗帘等可以时常变换花色。如果你为了使孩子有回归自然的感觉而选择了原色家具，那么摆设的小物品就更要色泽鲜明。

两岁半是培养空间感的最好时期

两岁半的丁丁像模像样地摆了四张椅子，又把一本厚书放在桌面上当方向盘，他装作手握方向盘的样子，一会左晃，一会右晃，一幅认真开车的模样。嘴里还配合动作说着儿歌："安全带，拉起来，坐车车，去爬山，向左弯，向右弯，紧急刹车——向前弯。"

妈妈不禁感到好奇，刚两岁多的丁丁难道真的懂右弯或左弯吗？问他什么是"向左弯"，他把身子偏一旁；再问他"右弯"，他向另一侧偏过去；"前弯"呢？他把身子往前一倾，做了个刹车状。丁丁似乎真的是很明白呢！

幼儿空间方向感的建立过程

不到1岁

这个时期，听觉是孩子用来辨认方向的主要途径。

1岁左右

我们常看到1岁多的孩子试着将玩具放进喝水的杯子里，或者拿一块积木搭在另一块积木上，虽然摆不好，他还是会一再尝试，这是孩子尝试着以动作来探索空间的开始。

1岁半左右

孩子对"上"、"下"、"来"、"去"等空间词汇已有清楚认识，问他："小熊在哪里？"他会用手指或用眼神望过去。

两岁半左右

这时是孩子空间概念进步最快的阶段，给孩子探索的机会，可帮助他形成正确的空间意识。他会使用许多新的空间词汇，精准度也比以前高。如：后面、上面、楼下、外面、那里。如果问他："爷爷在哪里?"孩子不仅会回答"在家里"，甚至可以连爷爷家的地址都能说出来。

3岁左右

这时孩子的方向感和空间感逐渐成熟。他知道太阳在天上、小草在地上、鸟在空中飞、鱼在水里游、椅子坐在身体的下面。

0～1岁视觉空间智能开发训练

灯之舞

在一个黑暗的房间里用激光手电在天花板上勾画出各种图案，你的动作应该缓慢而具有连续性，以便使孩子能跟踪光线。这个游戏能让孩子协调和控制视觉感受。

拨浪鼓游戏

在孩子面前放一个拨浪鼓，从左向右移动，同时鼓励他去拿拨浪鼓，他这样做时，应为他提供方便。他成功后，应对他表示祝贺。用眼睛跟踪拨浪鼓能增强视力的敏锐性，同时有助于抓握动作的精确、协调。

叮当铃

用三个物件来发出声音，如一个铃铛，一个拨浪鼓和两条汤匙。让它们在孩子面前发出叮当声，然后放进一个纸袋里，摇晃纸袋子使其发出声音，再将袋子交给孩子，让他去摇晃翻弄。

这种游戏使孩子形成一种概念：即使看不见物体，它也仍然存在，这可以帮助他寻找被移出视线范围的物体。

1~2 岁视觉空间智能开发训练

扑克游戏

用一副普通的纸牌，向孩子展示如何把梅花和红桃理在一起，然后把纸牌分成红色和黑色各一堆。

这是一堂教授颜色及形状概念的好课。

画画

给孩子套一件工作衣，找一个安全的地方，给他许多笔、一些可以洗涤的颜料和一套他能握住的毛笔，让他去作画。然后在房间里展示他的作品。注意展示的高度，要让孩子看得到、看清楚自己的作品。

今天我该穿什么

在给孩子穿衣服时，和孩子讨论衣服的颜色，告诉孩子你将选红色的袜子来配红色的衬衫，并说蓝色毛衣在蓝裙子的匹配下显得很好看等。

这个游戏可以培养语言学习能力，教孩子颜色的概念，提供排序的经验。

我的帽子朝着你

和孩子面对面坐在地板上，头戴一顶帽子，也给孩子一顶，并教他如何戴。现在，转动帽沿，使它朝右、朝左或朝后等。

这个游戏可以培养空间感，教孩子大小和形状的概念。

膨胀的海绵

晚上把几块海绵晾干，最好是白色的海绵；在 3 个小碗里装满无毒的食用色素，然后把晾干的海绵放入碗里。

这是一个展示因果关系的小魔术，教授色彩的概念。

调颜料

用颜色最鲜艳的一个玩具作参照，选用一种颜料，并用水性涂料搅和，直至调出与玩具颜色相配的色彩为止。然后在纸上画出玩具的草图，把调出的颜料涂上去。

这个游戏可以教授色彩知觉和因果关系，发展精细动作技能。

2～3 岁视觉空间智能开发训练

色彩俱乐部

将一张彩纸粘在厨房的桌上，让小孩从房间里找出同样颜色的东西。为了增加乐趣，你还可以设定时间，测试他是否能在规定时间内完成任务。

画下可爱的家庭游戏

指导孩子画一幅孩子最喜欢的家庭游戏或活动的画，虽然孩子可能画不像，但你可以启发他用最简单的方式表达出来。每次做完一个游戏，都可以将之画下来归档。下次，如果孩子想做游戏时，让孩子从档案中自己选择一个游戏。

画自然

在纸上画各种动物、花和植物，然后在户外找和图片上的物体配对的东西，如：在鸟的画上，粘一片羽毛；在树的画上，粘一片叶子。告诉他羽毛是鸟的一部分，叶子是树的一部分。这个游戏可以增加孩子的词汇量，认识整体和局部的关系，以及增加对自然的认识。

色彩拼贴艺术

用不同颜色的餐巾纸剪出方形或圆形等不同形状，在一张白纸上画一个大方块。你一边说“黄色圆形”或“蓝色方形”，一边让孩子选出符合你所说的内容的餐巾纸，最后教他如何将餐巾纸粘在大的方块上做一个漂亮的拼贴画。这个游戏可以锻炼孩子手眼协调的能力和精细动作技能，并识别形状与颜色。

第11章

音乐创造了差别
——音乐智能开发

天籁的启示
音乐调动全脑运动
聆听自然的歌声
建立孩子的“音乐王国”
0～1岁音乐智能开发训练
1～2岁音乐智能开发训练
2～3岁音乐智能开发训练

音乐是无字的语言、无形的图画、生命的律动、美妙的音符，让我们陶醉、激奋、震撼。缺少音乐的世界是不可想象的，缺少音乐的生命宛如没有灿烂阳光的春天，没有鲜花盛开的夏日，没有鸟儿飞翔的天空，没有璀璨繁星的深夜。人类不能缺少音乐，音乐是人类生命和智慧蓬勃的源泉。

天籁的启示

有的人以为音乐只是某些人具有的才华，并非每个人都有的才能。但事实上，音乐是每个人与生俱来就拥有的财富，每个人都能够发展这种才能。

0～3岁是声音和音调敏感性发展的关键期，在这一时期，一个良好的音乐环境不但能够为孩子今后音乐能力的培养打好基础，还能辅助多元潜能的开发。

美国国家唱片艺术暨科学学院曾经策划了一项“聪明交响乐”项目：从1999年起，将一张获得格莱美奖的古典音乐唱碟与尿布一起，送给即将离开医院的新妈妈。他们希望用这种礼物给美国的孩子带去智慧的启迪与科学、文化上的优势。

难道听音乐就能让孩子聪明吗？音乐真的能开发孩子的智力与能力？

回答是肯定的。在活泼动听的音乐中孩子会有更多的玩耍和运动的欲望，他们的大脑也会受到更多的良性刺激。美国的研究人员发现，没有机会接触音乐或很少玩耍、接受抚摸的孩子，其大脑比同龄正常孩子小20%～30%。

音乐是无声的语言、无形的图画、生命的律动、美妙的音符，让我们陶醉、激奋、震撼。缺少音乐的世界是不可想象的，缺少音乐的生命宛如没有灿烂阳光的春天，没有鲜花盛开的夏日，没有鸟儿飞翔的天空，没有璀璨繁星的深夜。人类不能缺少音乐，音乐是人类生命和智慧蓬勃的源泉。

1. 音乐能够大力发展孩子的听觉

听觉器官是孩子最早发育的器官之一，在孕期四个月时，孩子在母体中就会听了。孩子能听到母亲的心跳，听到母亲的说话，甚至听到母体之外的多种声响。

日本有个实验，阿部桂是一个普通的日本小女孩，她刚出生不久，母亲就在她的卧室里播放莫扎特、海顿和其他大师的作品录音。出生6个月的时候，当阿部桂听到熟悉的旋律时，就会发出咯咯的欢笑声。这说明她对这些音乐已经记住并且能够听出来了。

2. 音乐还可以让孩子记忆力更强

加拿大安大略省汉密尔顿市麦克马斯特大学的研究人员进行的

一项研究显示：孩子尽早接触音乐有助于提高记忆力。研究人员在一年里对两个小组年龄在4～6岁的孩子进行了4次测试，其中一个小组的孩子在幼儿园放学之后上音乐课，另一个小组的孩子则不上。结果在4个月后，两个小组的孩子在记忆力方面就有区别了。接触音乐的孩子被研究人员问及有关曲调、节奏以及音调等音乐常识，然后让他们听一系列的数字、记住这些数字并重复出来。他们都做到了。尽管此前有研究显示那些接触音乐的孩子会比仅接触戏剧的孩子智商更高，但这项研究却首次显示在孩子接触音乐后整个大脑的发育都在进步。

3. 音乐能够让孩子时间与空间的推理能力更强

在洛杉矶的一个学前班，科学家测试了33名孩子。他们将孩子分为两组，并给其中的19人提供了8个月的歌唱课程，其他14人没有任何音乐训练。接受训练的一组孩子每周接受10～15分钟音乐课程。8个月后，研究人员对他们进行了测试。测试的结果是，没有接受音乐训练的孩子，其能力仅仅提高6%，而那些接受音乐训练的孩子却提高了46%！

音乐调动全脑运动

爱因斯坦从小并不是一个神童。相反，在小学读书期间，曾被训导主任断言：该学生将一事无成。而正是一个这样的孩子，后来却成了一位伟大的科学巨人。人们经过研究发现，爱因斯坦智力的开发与音乐之间有着紧密的关系。

爱因斯坦有一位伟大的、极具音乐素养的母亲。爱因斯坦幼年时经常躲在家里的楼梯暗处，长久地聆听母亲弹奏钢琴，小爱因斯坦被音乐声中的美深深吸引，幼小的心灵在音乐中感受着声音之美和旋律的神奇……

爱因斯坦 6 岁时，母亲开始教他弹奏钢琴和拉小提琴。亲自演奏使他对音乐有了更深刻的感悟。爱因斯坦对变奏曲极感兴趣，在学习演奏过程中，通过无数次练习各类复杂多变的音型节奏，培养了他日后攻克科学难题的坚强意志，也奠定了他创造性的思维意识。

在他成年后研究相对论的时候，正是在弹奏了一番钢琴后激发了灵感而解决了难题。他说："音乐赋予了我直觉，对我的新发现（运动物体光学）有极大的帮助。"

在爱因斯坦的成长过程中，音乐始终伴随其一生，特别是在青少年时代的丰富多彩的音乐生活，如同学间、周末家庭式的音乐聚会、募捐音乐会等等，良好的音乐环境大大扩展了他的右脑思维能力，也构成了其左右脑思维的均衡性。研究者们经过大量的调查研究，证明爱因斯坦和多数诺贝尔奖金获得者一样，为右脑发达型科学家。

通常人们用的比较多的都是左脑，可以说左脑是"自己的脑"，不断存储后天所获得的各种信息，成为经验和知识的记忆宝库。而右脑则是"祖先的脑"，存储着从古到今人类 500 万年遗传因子的全部信息。刚出生的婴儿如果左脑出现障碍，可以照常吃奶，因为右脑中天生就储存着生存所需的必须信息，或说是本能的意识行为。

今天，关于人脑研究的专家学者都提倡人们大力开发右脑的功能，因为左脑的记忆存储量已经惊人，但右脑的记忆量为左脑的 100 万倍！

可以想象如果"祖先的脑"中所储存的从古到今人类遗传因子的全部信息可以为我们任意使用的话，那将是多么巨大的一笔财富啊！右脑对人的记忆、情感、创造等方面的作用至今还有许多科学家也不能解释的神奇影响。

当然，这里并不是说左脑不重要。1981 年，美国科学家斯佩里因发现左脑是“理性脑”，同逻辑思维紧密相连，而右脑是“情感脑”，同形象思维紧密相连。斯佩里因的这个发现让人类对研究人脑和智力开发有了更清晰的方向，他也因此而获诺贝尔奖。

这个发现说明左右脑分管人的两种不同思维模式，这两种模式对人的发展同样重要。因此，左脑和右脑的发展同样重要，而促进两半球共同发展的最好方式之一就是——音乐。

美国科学家皮特等在《科学》杂志上发表了他们的研究结果：音调的相关活动可以调动人脑的认知、情感和记忆功能，可以调动左右脑的同时参与。

通常，一首歌曲是先开始前奏部分，然后再开始唱或进行律动。当我们教孩子唱一首歌时，前奏结束的那一刻，孩子就会调动大脑各部分来确定如何在准确的音高、节奏开口唱歌；如何用身体的动作与爸爸妈妈配合……这些都是与人的内心听觉、超前思维、动作协调、音调记忆等有关。上述这些音乐活动既包括认知又包括感受的活动，既需要理性脑——左脑的参与，又需要情感脑——右脑的参与。

聆听自然的歌声

孩子在很早的时候就有听觉了，甚至当他还只是一个 4 个月大的胎儿时，在妈妈的肚子里，他们就会用小耳朵分辨外面的声音。出生以后，各种千奇百怪、闻所未闻的声音更是“扑面而来”。当然，父母要尽量为孩子提供优美、动听的声音，而不要让噪音干扰了孩子安静的思绪。

天气好时，多带宝宝到户外去，听听鸟叫蝉鸣的声音，听听风吹叶落的声音，听听蝴蝶振翅的声音……在户外宽敞开放的空间里，让孩子的心灵尽情遨游飞翔，让他们的想象放飞，让他们的创造启航，让孩子从心底发出对自然的热爱、对音乐的向往。

户外提供了无穷无尽的学习资源，等待孩子们尽情地去触摸、去感觉、去聆听、去观看、去品味。任何一种表现都蕴含了舞动的乐音，从大环境的各种变化汇总，孩子们可以经历所有高低、大小、强弱的自然音律，因此对音色、音高和音量这些组成音乐的要素产生基本的认识。

天气不好时，不要带孩子出门，但可以坐在窗边听听风声和雨声，并让孩子模仿这些声音。如，模仿雨声发出“滴滴答答”声，模仿风声发出“呜——”声等。

把孩子在户外听过的一些声音录下来，再放给他听，让孩子自己分辨，耳朵听到的是什么声音。

建立孩子的“音乐王国”

如果有条件，可以在家中腾出一个空间，给孩子创造一个“音乐王国”，让孩子拥有一个完全属于音乐的地方，在这个小天地里，孩子就是快乐的国王。

当然，“音乐王国”也可以说是一种象征的意义，因为享受音乐带来的愉悦远比其他强迫训练更重要。因此应该创设轻松的环境，让孩子在快乐的心境中接触音乐。孩子进入这个王国，就到了“音乐世界”里，可以在里面玩各种音乐游戏，尽情地享受快乐，释放生命的能量。

如果条件允许，孩子的“音乐王国”可以是一个独立的房间，条件不允许，也可以只是客厅或餐厅的一角。一般来说，这里是让孩子有一个专门放置乐器、玩具和音响的地方，并且有一定的空间，可以让孩子随意走动。

“音乐王国”虽然是孩子的独立空间，但妈妈不妨充当一下王国里的“智慧大臣”。妈妈的任务是给孩子提供丰富多彩的音乐信息并检查孩子是否能够理解。尽量用音乐的方式和孩子交流，如问好时，有节奏地说出来。鼓励孩子用音乐的方式表达他们的意思，如歌唱、律动、声音的故事等。

布置孩子的“音乐王国”可参考以下建议：

- “音乐王国”里要有适合孩子的良好的音响设备，必须提供孩子看录像的空间，除了有音响设备外还要有音乐符号、丰富的色彩、各种各样的小乐器或自制的发声体等。
- “音乐王国”里的黑板或白板的高度必须适合，以便孩子可以在上面粘贴画片，重组故事。
- “音乐王国”里有认识音高、节奏等音乐元素的大型地毯，以便孩子在上面做音符移动的游戏，进行音乐认知。
- “音乐王国”里的家具和玩教具等必须适合孩子的特点。应该是安全、颜色鲜艳和方便孩子使用的。
- “音乐王国”可以用五线谱装扮，地上是地谱，墙上是墙谱，桌上有桌谱，还有身体谱、手谱等。各种谱表上有剪纸音符，拍值尺，还有各种音符帽。
- “音乐王国”里最好再准备一个模拟小舞台，让孩子有更多的表现与表达的机会。

0～1 岁音乐智能开发训练

节拍训练

在播放你喜欢的乐曲时，让孩子仰面躺下，轻轻握住他的两只手腕，随节奏摆动。然后抓住他的脚踝，也做上述运动。最后将他的双手或双脚合在一起。这是个很好的亲密接触活动，能增强孩子对音乐的敏感性。

区别噪音与乐音

父母拿积木敲桌子，告诉婴儿“这是不好听的声音”，一边说一边皱眉头、摇头；然后轻轻敲击木琴，让婴儿倾听，并告诉婴儿“这是好听的声音”，并对婴儿微笑。

录音

录下房屋周围通常能听到的声响：门铃声、自来水声、吸尘器声等。播放时应将音量放低。置身于这些低声音响中，有助于孩子适应周围的环境。

拉大锯

让孩子躺在床上，大人念儿歌：

拉大锯，扯大锯；外婆家，唱大戏。

妈妈去，爸爸去；小孩子，也要去。

拉大锯，扯大锯；你过来，我过去。

拉一把，扯一把，小孩子，快长大！

随着儿歌的节奏轻轻拉动孩子的双臂，使其坐起，然后轻轻后推，让其仰倒。

扇扇子

为安抚孩子，你可轻轻扇动手中的小扇，并和着扇子的节拍轻声哼唱小曲。孩子会觉得扇扇子和听你哼小曲很惬意，这对他入睡也很有帮助。

倾听音乐

将一个有短拉绳的小铃系于一个支撑物上（如椅子的扶手），其位置应让孩子能够拉到绳，以让铃铛发出声音。你也可利用现成的发音装置。

这种活动有很多益处，能让孩子将行为（拉绳子）与结果（铃声）联系起来，还能训练孩子动作的精巧和协调能力，以及将声音和形象联系起来等。

听音乐取放物

播放一段活泼、欢快的音乐，将积木和盒子放在婴儿面前，让婴儿随着音乐将积木从盒子中一一取出，再一一放入盒中。开始婴儿的动作可能比较稚拙、缓慢，听到比较欢快、活泼的音乐后，会慢慢灵活起来。这样的训练可以锻炼孩子对音乐的感知能力。

敲鼓

给你的孩子一些可敲打的东西，如带盖的小罐子、奶粉桶或咖啡罐等，再给他一根木质汤匙。让孩子自由随意地敲打。刚开始敲打没有节奏和规律可循，但只要发出声音，就应该给予鼓励。孩子在敲打的同时，大人可以配合着说：“咚咚锵，咚咚锵，宝宝敲锣打鼓忙！”

手指乐器

给孩子一个小手鼓或节奏棒，让他奏乐。手指乐器（如指钹）也能起到类似的效果。

这个游戏有助于孩子协调听觉与视觉能力，同样也是教他理解因果关系的好方法。

小小指挥家

选择一首节奏鲜明、有强弱变化的音乐播放。婴儿坐在大人的腿上，大人从他背后握住他的前臂，说："指挥!"然后合着音乐的节奏拍手，并随着音乐的强弱变化改变手臂动作幅度的大小，当乐曲停止时指挥动作也同时停止，逐渐使婴儿能配合你的动作节奏。以后每当放音乐时，大人一说指挥，他就能有节奏地挥动手臂。

这样可以训练孩子的节奏感，理解动作与音乐的配合。在孩子游戏的过程中，要注意观察孩子的兴趣，当孩子表现出不想再继续时，就应该立即停止，千万不要强迫。

翩翩起舞

播放各种节奏明快的舞曲或童谣，然后妈妈抱着孩子随着音乐节奏转圈舞动，并用手臂打拍子。

摇呀摇

选择一些速度比较缓慢的乐曲播放，然后让孩子站在大人的腿上，一边对他唱歌一边轻轻晃动身体，随着节拍亲吻孩子的小脸。经常做这个游戏，孩子慢慢就学会跟着歌曲的节奏晃动身体了，而且还能增进和大人之间的感情。

1～2岁音乐智能开发训练

两只老虎

坐在地板上快速念下面的儿歌，用手敲地板制造老虎跑动的声音。

两只老虎，两只老虎，跑得快，跑得快，

一只没有耳朵，一只没有尾巴，真奇怪，真奇怪。

这个游戏可以促进语言、音乐意识和精细动作技能的发展。

蜗牛

尽可能慢地念下面的儿歌，用尽可能长的音调说出“伸”字。

有一只蜗牛在花间，一缩一伸走得慢，

它一步一步向前赶，头也不回去赴宴。

这个游戏可以促进语言、音乐意识和精细动作技能的发展。

去市场

准备去市场的时候，或在看食品图画书的时候，试着给孩子念下面这首儿歌：

去市场，去市场，买香蕉、苹果和蜜糖；

再回家，再回家，把水果和大家来分享。

拍拍手

站在一块开阔的地方，念下面的儿歌。做出明显的动作，也可加上其他一些动作。

拍，拍，拍拍手，我们一起来拍手，

跺，跺，跺跺脚，我们一起来跺脚，

摇，摇，摇摇头，我们一起来摇头，

走，走，走走路，我们一起来走路。

这个游戏可以促进语言能力的发展，增强音乐意识，加强大动作和精细动作技能。

和小羊一起跳下来

在睡觉之前，和孩子站在楼梯的第一档，念下面的儿歌。

和小羊一起跳下来，和小鸟一起飞上去，在天黑之前，孩子要睡了。

念到“跳下来”时，抓住孩子的手往下跨一级，念到第二句时，又往上跨一级，然后就进入睡前的准备。

这个游戏可以促进语言能力、音乐意识、数数和大动作技能的发展。

我能敲

和孩子一起两腿伸直坐在地上，唱下面的儿歌。念到“敲”的时候，用拳在地上敲几下，每唱一句都增加敲的次数。

我能用锤敲一下，我能用锤敲两下，

我能用锤敲三下，我能敲上一整天。

睡觉之路

就寝前，诵唱以下儿歌，并做相应的动作：

坐在爸爸的膝盖上，亲爱的，能看到旁边的东西吗？

丁香花丛乳牛叫，小猪多多尽情跑。

骑在爸爸的后背上，亲爱的，能让爸爸轻轻拍拍吗？

餐桌餐椅周围放，我们上楼去睡觉。

一个安逸、轻松的睡前活动能促进语言能力和音乐意识的发展。

雄伟的军舰

高举孩子的双手，和着以下儿歌韵脚的韵律走圆圈，唱完最后一句时，慢慢地让孩子坐在地板上。

雄伟的军舰去远航，三次乘风又破浪；

雄伟的军舰去远航，三次来到太平洋。

一起追松鼠

家长面对面和孩子坐在地板上，诵唱以下儿歌。诵唱完毕，站起身，开始做追逐游戏：

让我们一起来追松鼠，飞快爬上胡桃树，

让我们一起来追松鼠，飞快爬下胡桃树。

可爱的小鸟

每次看到小鸟时，就诵唱以下儿歌：

啊！可爱的小鸟，你的个子长高了；

啊！可爱的小鸟，你的翅膀长大了；

啊！可爱的小鸟，今天你可以起飞了！

一只小鸭子

家长和孩子一起坐在地板上，诵唱以下儿歌。有时大声说："嘎嘎"；有时小声说"嘎嘎"。在诵唱完最后一句"可是小鸭不回家"时，重新开始，并将最后一句改成"小鸭飞快跑回家"。

一只小鸭去玩耍，远远跑到山脚下，

妈妈大声叫"嘎嘎"，可是小鸭不回家。

一只小鸭去玩耍，远远跑到山脚下，

妈妈大声叫"嘎嘎"，小鸭飞快跑回家。

黄鼠狼跑了

家长和孩子一起唱以下这首儿歌，让他的双手互相轻轻摩擦。当听到单词"砰"时，就让他把手拍紧，然后张开他的双手：

绕着木匠工作房，猴子追逐黄鼠狼；

猴子玩得好开心，"砰"地跑了黄鼠狼。

骑"马"

曲膝坐在地板上，将孩子放在膝头，面朝外，一边诵唱儿歌，一边抖动膝盖，要让他感觉到他正在骑马：

宝宝骑马去赶集，看到一位老阿姨，

阿姨骑着大白马，手上拿着小红旗，

旗上挂着小铃铛，走到哪里响到哪里！

演奏什么乐器?

和孩子一起坐在地板上，给他展示三种乐器，乐器发出的声音区别越大效果越好，如三角铁、鼓和玩具琴。让孩子闭上眼，家长演奏其中一种乐器；再让孩子睁开眼，让他挑选出演奏的是哪种乐器。这个活动向孩子介绍了不同乐器的音质，还可以演示因果关系、训练记忆能力。

逛乐器店

父母可以带孩子去乐器店转一转，感受乐器店的音乐气氛，让孩子看一看、摸一摸、听一听，并感受不同乐器不同的声音，比如钢琴、提琴、笛子等。

2～3 岁音乐智能开发训练

填歌词

对孩子一直唱一首他所熟悉的儿歌。唱时留出每句歌词中的最后的词，让孩子填入。如：一闪一闪亮__________，满天都是小__________。锻炼记忆和节奏技能。

厨具奏乐

把锅盖当钹，教孩子如何大声敲打或轻轻拨打，并随着不同的音乐节奏敲打。这个游戏可以加强音乐与动作间的关系，并教他节奏概念。

水之乐

收集许多玻璃杯，装上不同量的水，并加入不同的色料来加以区分，拿一个汤勺，敲打杯子发出不同的音阶，按音阶从高到低，再从低到高进行演奏。根据颜色，向孩子指出哪个杯子的音阶高，哪个低。给这套杯子和水的乐器取个名字，并演奏音乐。这个游戏可以让孩子熟悉音调变化；了解数量概念和因果关系。

孩子玩杯子时，小心别让他碰碎了杯子伤了自己。

走猫步

让孩子挑一首适合跳舞的歌曲或乐曲，轮流编一些动作并互相模仿。可按简单的节奏将几个动作连起来，如摇手臂、踏步、再摇手臂。这个游戏可以锻炼孩子的肌肉控制和协调能力，还能发挥创造力。

音乐家

准备 2 个相同的乐器（如 2 个玩具喇叭、2 个口琴等），给孩子一个，和他并排坐着。用乐器发出一种声音，看孩子是否能发出相同的声音。这个游戏可以让孩子熟悉音乐和不同的乐器，培养搭配和比较音乐形式的能力。

上下楼梯

先在纸上画出楼梯状曲线，然后你一边在手风琴或键盘上弹奏一个音阶，一边用手指在曲线上做上下移动，如：弹一个音，移动一下手指；再弹一个音，再移动一下手指。你也可以用积木做一架楼梯，让玩具动物走上走下。你要向孩子讲解音调是如何沿着音阶上下变动的，经常这样做，让孩子试着模仿。这个游戏可以让孩子更好地理解音阶和音调、符号所表示的意思，培养配对和精细动作技能。

摇豆子

在一个小塑料瓶中装入干菜豆，盖上盖，向孩子演示如何摇动瓶子。你还可以播放流行音乐，并试着摇出不同的节奏。

鼓槌乐队

找各种能充当鼓槌的东西，如勺子、筷子、木榔头等。坐在地板上，边上放一个大的金属盆，让孩子敲打。在试完所有的鼓槌后，告诉他每个鼓槌敲打发出的声音是不同的。你还可以让他敲地面或敲一个塑料碗，并比较发出的声音。你敲出一个节奏，看他是否能敲出相同的节奏。这个游戏可以让孩子认识不同的音乐形式，提高音乐的表达能力，促进记忆能力。

幻想舞蹈

要求孩子在跳舞时将自己设想成某物，如动物（一头狮子或一只乌龟），或者一些物体（一根线或一个正在融化的冰激凌），看他是否能自己出点子扮成某种物体。让孩子把音乐与动作联系起来，激发创造力，随意创造舞蹈动作。

寂静之声

一边播放古典音乐，一边与孩子一起躺下，闭上眼睛听音乐。如果孩子很难听懂这音乐的含义，将他抱在腿上，告诉他音乐声像什么：像雨？像风？像潺潺流水？或是否令他想起鼓风机或汽车的声音。这个游戏可以增强孩子的听力与声音辨别的能力。

摇滚乐

播放节奏强烈的音乐，教孩子跟着节奏拍手。如果他能顺利完成，可以随着节奏起立、跺脚或踏步。换其他音乐，看他是否能跟上不同音乐的节奏。这个活动可以让孩子熟悉不同形式的音乐，锻炼精细动作技能。

摇摆舞

播放一些音乐，随着音乐一边喊“晃手臂!”或“扭屁股!”，一边摇动身体部位。如果孩子擅长于此，让他试着做单侧的动作，如左脚或右手，当你叫口令时可以通过轻轻碰一下正确的一边来提示他。这个游戏教孩子正确区分左右，提高大动作和精细动作技能，更好地认识节奏。

混唱

用各种不同的方法，如变换歌曲的音调（用更高音或更低音）、唱得快一些或更有感情些，唱孩子最喜欢的歌曲，并让他试着与你唱得一致。你可以去掉一些关键词，等孩子填入后，再继续唱。这个游戏可以让孩子知道音乐节奏、节拍和速度等概念，增强记忆、增加词汇量。

第12章

体验高情商的成功
——人际智能开发

给孩子一个温馨快乐的家
社交宝贝，人见人爱
积极回应孩子的交际热情
0～1岁人际智能开发训练
1～2岁人际智能开发训练
2～3岁人际智能开发训练

卡耐基认为“一个人的事业成功，只有15%是由于他的专业技术，剩余的85%都要归于人际关系和处世技巧”。人际关系交往是孩子学习做人，从“自然人”转向“社会人”的一个重要的途径，良好的社会交往能扩大孩子的视野，使他从生活中学习一些书本上所没有而又确实重要的知识。

给孩子一个温馨快乐的家

家庭环境对幼儿具有强大的影响力，不同的生活环境会成长出不同个性的人。家庭环境的影响是多层面的，其中家庭成员的人际关系会直接影响孩子人际能力的发展。一个良好的家庭环境应该民主、平等、亲善、和睦、欢快、尊老爱幼和各尽其责，大家一起享受生活的乐趣。

良好的家庭环境能促进儿童身心健康发展，让孩子学会积极面对社会、亲切对待他人。

不适当的家庭环境

吵闹的家庭

家庭关系和谐、融洽，能使孩子体会到家的安全，学会对人宽容谅解，与人互助互爱。反之，如果家庭成员关系淡漠，常为一些小事吵闹不休，孩子也往往冷漠、偏执，不愿与人合作。

严厉的家庭

一些家庭对孩子管教得过分严厉，要求孩子对父母绝对服从，甚至奉行“棍棒之下出孝子”的原则，稍不如意就对孩子又打又骂。在这种家庭环境中长大的孩子一方面缺乏自信心和独立性，另一方面表现得暴戾、蛮横和爱撒谎，逆反心理强，喜欢在欺辱弱者、报复他人中获得心理上的平衡和补偿。

溺爱的家庭

独生子女家庭中，孩子是家人的掌上明珠，即使父母不娇惯，爷爷奶奶也倾向于有求必应、无微不至。但爱护孩子要注意“度”的问题，过分溺爱会使孩子对家长养成极大的依赖性，形成自私、任性、易发脾气和好夸口的性格。

冷漠的家庭

与溺爱的家庭相反，有的父母对孩子关心不够，孩子感受不到父母对自己的爱，就会产生孤独感与被抛弃感，形成冷酷漠然、情绪反复无常、容易发怒和富于攻击性的性格。

快乐的家庭环境

要创造快乐的、适合孩子人际能力发展的家庭环境，首先就需要父母摆正态度，把孩子看做家庭中平等的一员，既不过分娇宠，也不过分忽视。一家人要互相关心爱护，对优点赞扬鼓励，对缺点善意批评并包容谅解，这样就能使孩子自尊、自立，对人热情友好，经得起压力和批评，有独立处事的能力。

此外，成人在生活和工作中难免会遇到一些不愉快的事情，例如家庭成员间的争执、同事邻居间的矛盾等，注意不要把这些不愉快表现在孩子的面前。幼儿缺少理性的分析能力和化解矛盾的能力，他会把不愉快的情绪一直保留在心里，容易形成心灵阴影。

社交宝贝，人见人爱

父母都希望自己的孩子成为一个受欢迎的人，这是因为一个受到众人欢迎和喜爱的人往往能够生活得更愉快，社交时也更轻松。但现实中很多家长都为这个问题而苦恼："我家孩子温顺可爱，并不顽皮，为什么还是不讨人喜欢呢？怎样才能让孩子更受人欢迎呢？"

调查显示，最受人欢迎的性格是诚实、正直、聪明和值得信赖。

一般来说，社会对男孩和女孩性格的要求是有所不同的。

受欢迎的男孩性格

安静、沉着、自信、求知欲强；整洁、帅气、成熟；热情、做事积极、精力充沛；健康、和蔼、开朗、体贴别人；认真、宽容、诚实、喜欢倾听。

受欢迎的女孩性格

聪明、安静，带点神秘；热情、喜欢社交、做事积极；活泼可爱、亲切、体贴、直率；健康、开朗、有活力；诚实、认真、自制力强。

让孩子受欢迎最简单的方法

要想让孩子受人欢迎，就得注意培养孩子的个人魅力，而魅力不仅是性格的魅力，还包括外表的魅力。尽管人们一直被教导不要过于重视人的外在美，但事实上一个漂亮、整洁的孩子往往能博得更多人的喜爱。而外表有魅力的孩子由于得到众人的喜爱，也会逐渐变得热情活泼、亲切直率和意志坚强，他能轻松地与人交谈，有包容别人的雅量，也就越来越具有性格的魅力。

这实际上是一个良性循环，因此你只需要做很简单的事情就能让孩子受人欢迎。这并不意味着你需要为孩子的长相担忧，也不表示你得为孩子购买昂贵的名牌服装，只要让他外表干净、衣着整齐和举止得体就可以了。

积极回应孩子的交际热情

出生不久的孩子只有简单的人际交往能力，但这并不意味着他人际交往的愿望为零。也许你会说：“我家孩子整天只知道吃喝拉撒，你逗他玩他也不知道，叫他他也不会搭理，他会有什么交际愿望啊?”其实，婴儿天生就具有对外发出信息和接收他人信息的兴趣和能力，这种能力是他与外界进行双向交流的基础。如果孩子向你传达信息却总是得不到你的回应，就可能逐渐丧失信息交流的兴趣，变得封闭内向、不爱与人交往。所以，如果你想让孩子活泼外向、受人欢迎，就应该重视他的交际欲望，在他刚出生后就应对其社交能力进行关注和培养。

孩子会一直注视着你，对你微笑、摇头晃脑、摆手蹬腿……这些都是他在向你传送的信号。这时你当然不能视而不见，你也应该对孩子报以微笑，用手温柔地抚摩他的皮肤、轻声地对他说话……这不但能让孩子享受到与人交往的快乐，养成乐于与人交往的习惯，还能让你们的感情越来越亲密。

随着孩子慢慢地长大，他对外界沟通的兴趣也越来越大，不喜欢独自一个人玩耍，总想爸爸妈妈陪在身边。他对于经常见到的人会表现得非常大方，但看到陌生人却会紧张害怕，甚至大哭起来。所以，除了要尽可能地多陪陪孩子以外，还应该多制造机会带孩子出去跟其他人接触一下，让他学会如何适应陌生的人和事物，这对他以后的人际交往是十分重要的。

0～1 岁人际智能开发训练

面部按摩

按摩孩子的前额，手指在他双眼周围缓缓移动，然后移向其耳后和颌下、移向鼻子和双唇，用指尖在他的双唇上下引导他做出微笑的表情。身体接触就是给孩子的抚慰，温柔的抚摩尤其如此。

洗澡时的摇晃

轻轻摇晃在温水中洗澡的婴儿，能使洗澡变成一个亲密接触的特别时刻。这是非常特别的亲密经历，对父母和孩子都是如此。

婴儿背包

将孩子放在背包中，脸朝前，这样当你遇到别人时他也能看到。这样可以使孩子学习适应新的情况。

轻轻搂抱

当你读书给孩子听时，请把他抱在臂弯中。这种拥抱会在你和孩子间、孩子和读书声中创造出一种特别的情感联系。

吹气

当孩子需要安慰时，请试着向他的脚吹气。一些父母已经发现这能让孩子放松下来。父母需要有尽可能多的方法让孩子平静，这就是一个选择。

道别

应使你和孩子的告别游戏形成惯例：如说一些相同的话、用力亲吻、让孩子看着你走出大门。形成这一惯例使你的孩子易于接受这些转变。

孩子相册

你制作的孩子相册应小到能让孩子抓住和抚弄，孩子进入“陌生人焦虑症”阶段时，这是个有益的玩具。它可以满足孩子对人的面孔的好奇欲望，而且当你不在时，对孩子来说，相册是个临时的替代物。

1～2岁人际智能开发训练

家庭树

在家庭或朋友聚会之前，做一棵挂有所有参加者照片的家庭树。这样可以增强孩子的记忆力，促进社交能力，消除陌生焦虑。

配合包扎伤口

孩子受伤后会不高兴，在他需要用绷带时，给他最喜欢的填充动物上也用上一条。这样有助于调节情绪，并激发孩子的想象力。

拥抱与吻

当孩子坐在你的大腿上时，给他一个热烈的拥抱，并说“妈妈和宝宝拥抱”；给他一个深深的吻，并说“妈妈亲亲宝宝”。然后再做其他动作，如“在脸颊上亲一口”，“冷”或者“紧紧的拥抱”等。做每个动作时，都用清晰的语言告诉孩子自己在干什么。这样可以促进语言能力和社会能力发展。

准备菜单

把孩子喜欢吃的食物的图片贴在一张纸上，当作早餐、午餐和晚餐的菜单。吃饭时间让孩子根据自己想吃的食物点菜。这样可以训练把物体和符号联系在一起的社会能力和决策能力。

2～3 岁人际智能开发训练

穿衣服顺序

将孩子每天要穿的衣服按照穿的先后顺序摊在孩子面前，并问他这个顺序是否正确。第二天，打乱衣服顺序，让他排好。每天你要变换衣服的顺序，直到他能正确地排序。

唱歌搞卫生

如果你的孩子喜欢将东西弄乱或做一些费时的事，而你又没有足够的时间来打扫，试着和他一起搞卫生吧。随着“铃儿响叮当”的曲调，和孩子一起搞卫生，让孩子知道劳动其实可以是很快乐的事情，这样孩子不仅会热爱劳动，还能锻炼身体。

小小厨师

父母做饭对孩子来说也是很有趣的事情，但厨房对孩子来说隐藏着很多危险。爸爸妈妈不妨制作一些简单的道具，比如塑料的小锅、小铲、纸做的饼和饺子等等，让孩子“品尝”一下当厨师的滋味。同时还可以锻炼手眼协调技能，给孩子提供一个表演模拟戏剧的机会。

脸谱工厂

拿出一张纸板，剪一个圆脸、两个小圆眼睛、不同的嘴（微笑的、惊讶的等）和不同的眉毛（平的、向上倾斜作生气状的等）。用不同的五官组合成许多不同表情的脸谱给孩子看，要求他指出愤怒的脸、快乐的脸等。

甜点厨师

让你的孩子做一份他最喜欢的甜点：速冻布丁。帮他盛所需的牛奶，倒入混合物中，让他充分搅匀后，帮他将面糊倒在几个杯中，放入冰箱储藏，最后，让他享用这美妙的甜点吧。

今天你做了什么？

每天晚餐时，问孩子今天他做了什么。建议孩子告诉整天在外工作的爸爸今天他做了什么。鼓励孩子回忆他今天吃了什么、看了什么书或碰到了谁。然后可以让家庭成员轮流说一下他们今天各做了什么，让孩子了解其他人的生活。让晚餐成为社交的机会，锻炼记忆和语言能力。

第13章

孩子才是自己的主人
——内省智能开发

做能把握自我的孩子
父母的耐心与热情比方法更重要
孩子需要适度的表扬和安慰
满足孩子的独立愿望
0～1岁内省智能开发训练
1～2岁内省智能开发训练
2～3岁内省智能开发训练

3岁是孩子自我意识、情感等方面开始发展的重要时期，他们开始有了自己的主见。很多家长认为孩子开始反抗自己的权威，其实，这恰好证明孩子已认识到自己了，想体验一下自己的力量，从这时开始，他的自我形象慢慢地建立起来了。因此，在幼儿阶段培养孩子的内省智能是非常重要的。

做能把握自我的孩子

内省智能，指了解自己的能力，如才能、弱点、情感等，并基于这种自我了解来构建正确的自我，善于用这种知觉来计划和引导自己的人生，或者说有自知之明，并据此做出适当行为的能力。简而言之，内省能力就是理解自己和他人的一种手段。

这项智能包括自律、自尊和自控能力等自我意识方面的素质。

内省智能比较强的人，知道自己的强项和弱项，知道自己的需要，对自己情感、才能了解得非常清晰，喜欢探索自己的内心世界。他们一般都有清晰的目标，会为目标而努力。作家、哲学家、律师、心理辅导人员的内省智能发展得相对较好。

可以说内省智能是最重要的智能。如果一个人的内省智能很高，他就能很好地了解自己，知道自己擅长什么，对什么有信心，清楚以一种合理的方式、在正确的时间里使用其他智能；同时知道自己的缺点以及该怎么去克服它们。

而且，内省智能高的人能理解自己情感，懂得如何调控情感，这样就能与周围的人更愉快地相处，也能使自己的心情保持最佳状态，达到事半功倍的效果。

反之，如果一个人的内省智能很差，他就不能很好地发挥自己的能力，还会连续犯同样的错误，不知道及时纠正。

3 岁是孩子自我意识、情感等方面开始发展的重要时期，他们开始有了自己的主见。很多家长认为孩子开始反抗自己的权威，其实，这恰好证明孩子已认识到自己了，想体验一下自己的力量，从这时开始，他的自我形象慢慢地建立起来了。因此，在幼儿阶段培养孩子的内省智能是非常重要和关键的。

培养内省是最困难的。要让认知能力、判断能力都还不完善的婴幼儿认识自己、了解自己，学习自我反省、自我纠正，其难度是非常大的，因此，父母既要掌握正确的方法，也要投入更大的耐心与热情。

父母的耐心与热情比方法更重要

父母不可能照顾孩子一辈子，必须培养孩子独立自主的能力，让孩子走出父母的羽翼保护，勇敢地承受外面的风雨。但这种自立自强的意识和能力不是一天两天就能培养出来的，必须通过一点一滴的教导和指引，让孩子从认识自己的行为开始，逐步发展到能发现问题、分析问题并依靠自己的能力解决问题。

这种培养必然是一项长期、繁琐而艰巨的工程，作为孩子能力培养的“总工程师”，父母不但要有正确的方法和手段，更要有绝对的耐心和热情。

从一点一滴开始

谚语说得好，罗马不是一天建成的。再强的能力都是从生活中一点一滴的小事中培养起来的。要想孩子能自己做家务，首先就要会自己穿衣服、自己吃饭。

要想孩子能自己吃饭，就要训练他自己用勺子舀饭，然后教他左手扶碗、右手握勺、用双手捧着杯子喝水、饭后用餐巾纸擦嘴……到2岁半时，他就能独立、顺利地吃完一顿饭了。

每一种训练都不可操之过急，要循序渐进地教给孩子。

需要父母更多的耐心

有些父母想教孩子穿鞋，但看孩子半天也不能把鞋穿正，把鞋带系好，就不耐烦地说：“哎呀，太慢了，还是我来帮你穿吧！”三两下就帮孩子穿好了，但孩子却失去了一次练习的机会。

培养孩子内省能力，尤其是生活自理能力需要家长格外有耐心。先教给孩子方法，然后给他练习的机会，做得不好就重来，动作慢就等他，直到他能做好为止。多做几次之后，孩子自然就能熟练操作了。

协助孩子把一件事坚持到底

有的孩子做什么都半途而废，父母总是抱怨，但却不知道是怎么造成的。其实这都因为小时候没养成好习惯。有的孩子独立做某事是凭借兴趣开始，一旦兴趣不浓厚了，就可能放弃，这时父母以不愿意强迫孩子为由，任由孩子去放弃。还有的孩子开始独立做某件事情，可是遇到了难题，不愿意面对，也不知道如何解决，于是就自动放弃了。这时父母如果不鼓励并帮助孩子坚持到底，孩子逐渐就会养成知难而退的不良习惯。

无论什么事都要告诉孩子道理

有些孩子已经习惯任何事情都交给父母，不知道自己为什么还要去学习。这时，父母就应该告诉孩子，虽然现在很多事情都不用他来做，但是将来还是要自己做的，而现在如果不学习不练习，长大后就不可能成为有用的人。让孩子明白没有今天打基础的练习，就没有长大后的聪明能干。小孩子一旦认同了某一道理后，就会一直坚持，甚至坚持一辈子。

给予恰当的示范和帮助

道理对孩子来说当然有用，但涉及到具体情况时，他们更需要一个榜样。家长在孩子需要示范的时候及时提供帮助，会让孩子立刻清楚自己下一步该如何。

孩子需要适度的表扬和安慰

当孩子成功时，你应该对他进行表扬；当他失败时，你也应该对他进行鼓励和安慰。这样才能激发孩子独立活动的积极性，产生更好的教育效果。

但是，很多父母并不明白：表扬和安慰既不是可有可无的几句话，也不是包治百病的灵丹妙药。无论是表扬和安慰，还是批评，都是一门值得研究的学问。

如果父母表扬和安慰得不够，就会致使孩子感到情感压抑，变得冷漠、孤僻。如果表扬和安慰得过多，则会使孩子变得娇气胆小、爱慕虚荣、缺乏自信。因此，表扬和安慰一定要把握好分寸，只有适度的表扬和安慰才能起到良好的效果。

有些父母害怕挫伤孩子的自信心，孩子只取得一点小小的成绩，就欣喜若狂、赞不绝口。如果长期如此，孩子就会滋生自满的情绪。

有些父母为了防止孩子骄傲自满，就采取从不夸奖的方式，即使孩子取得了很好的成绩，他们也不在语言、行动上做任何表示；相反，当孩子出现错误时，父母就会表现出很严肃和生气的样子。长此以往，孩子的自信心必然被挫伤，因为他觉得自己做什么都不会出色，不会赢得赞扬，还不如什么都不做，因此孩子的进取心也随之下降。

所以，父母的表扬一定要及时、适当地流露出来。有时，一个赞许的眼神就会给孩子带来莫大的鼓励，一个亲切的微笑就会扫去孩子所有的失落，重振挑战的勇气。

有的父母刚刚还夸孩子聪明能干，一转身就因为孩子的一个小失误而埋怨孩子太笨，什么都做不好。这样矛盾的说法很容易让孩子产生困惑：我到底是聪明还是笨呢？对孩子的评价性言语一定要谨慎使用，否则很容易使孩子产生抵触情绪，甚至丧失自信心。

另外，有些父母评价孩子喜欢使用公正、准确和真实的语言，但却忽视了教育的效果。有时，合适的“假话”更是一种教育的“佳话”。

表扬允许适度的夸张。比如，孩子只是因为好奇新鲜而抢着帮妈妈倒垃圾，妈妈却夸奖孩子懂事，会心疼妈妈，帮妈妈干活，或是夸奖孩子热爱劳动等等。这样的“假话”其实是有利无害的，能激起孩子更多的自信心，并起到向好的方向引导的作用。

满足孩子的独立愿望

自己的事情自己做

3 岁的孩子应该学会自己穿、脱衣服，并能帮助父母做一些力所能及的事。刚开始可以试着自己穿一些简单的不需要扣扣子的衣服，还可以让他帮助大人端水果、帮下班的爸爸拿拖鞋、帮扫地的妈妈拿扫把等。这样会让孩子感到自己是有价值的，也让他知道你是信任他的，相信他能干好。

鼓励孩子

3 岁的孩子会经常把事情搞砸，如果得不到大人的鼓励，就很容易产生自卑感。家长应鼓励孩子："没关系，这回虽然失败了，但你已经知道怎么做了，下次肯定能做好。"让他们相信自己，并愿意去一次次尝试。

给孩子选择的权利

要对孩子适度地放权，让孩子参与各项活动，有选择是去动物园玩还是去公园玩的权利，有机会从事自己感兴趣的事，不要认为孩子还小，什么都不懂，任何事情都为孩子做主。

尊重孩子的意见

尊重孩子，把孩子当作平等的人看待，允许孩子表达自己的意见和需要，当他的意见和要求合理时，尽可能给予满足，这样孩子就会感到自己是受重视的。

教孩子表达自己的感情

注意孩子的情绪表达，让他们学会以适当的方式表达自己的真实情感，学会辨别自己的情感。可以给孩子读一篇关于情感的小故事，通过故事让孩子体会各种情感；对于年幼的孩子，可以让他们用图画、日记来记录自己的心情。

允许孩子适当地发泄情绪

我们成人有时会有发泄情绪的需要，孩子也会有。当孩子不高兴的时候，要耐心询问原因，当孩子不愿意回答时，要给予孩子一点时间，不要逼他，或者制止他。允许孩子表达自己的感情，帮助孩子分析情绪不好的原因，想办法调控自己的情绪，如转移注意力，做一些自己喜欢的事情。

为孩子树立积极的榜样

父母应该有积极的心态，对工作、生活充满热情，家庭美满温馨，这样孩子也很容易受到积极的影响，从而对生活充满希望。

0～1岁内省智能开发训练

身体初识

与孩子面对面坐在地板上，请触摸他身体的每一部分，并说出其名称。请与孩子一起做这一游戏，当他快满周岁时，你可以故意犯些错误，让他来纠正你。

这为你们提供了一种独特的交流机会，同时让他认识身体的不同部位。

表达需要

当孩子哭闹着想喝奶时，可以一边做握奶瓶喝奶的动作，一边对他说："宝宝可以用动作告诉妈妈你想喝奶。"坚持一段时候后，孩子就会用肢体语言来表达他的需要。这样既可以方便妈妈喂养孩子，又可以让孩子意识到自己的动作作用。

眨眼

妈妈把孩子抱在怀里，然后看着孩子，对他说："孩子睁开眼睛，孩子闭上眼睛。孩子看一看，孩子看不见。"妈妈一边说，一边给孩子做示范，让孩子仔细看，然后请小孩子模仿妈妈的动作，也睁眼睛、闭眼睛，通过这样的活动，帮助孩子感受自己的动作和不同动作带来的不同感受，增强孩子对自己的认识和了解。

看自己的照片

当孩子快到一岁时，妈妈可以把孩子日常生活中的各种照片都拿出来，让孩子看照片，指一指哪个是自己。通过这样的游戏，让孩子认识和了解不同形象的自己。

小玩具

给孩子一些小玩具，如拨浪鼓、小皮球等，让孩子摆弄这些玩具，并且注意观察这些玩具的变化，比如，手摇拨浪鼓，拨浪鼓就会动，而且会发出声音；用手推或用脚踢小皮球，皮球就会在地上滚来滚去。通过不断摆弄玩具，孩子就会从玩具的运动中获得信息，得知"我是我自己"、"小皮球是小皮球"、"我不是小皮球"等概念。

认识自己的物品

爸爸妈妈可以把孩子的玩具和自己用的物品放在一起。比如玩具、手机、香水、口红等。然后鼓励小孩子从中找出哪些是自己的东西，哪些是爸爸、妈妈的东西。也可以把孩子的玩具和其他小朋友的玩具混在一起让孩子找哪些是自己的玩具。

分辨自己的名字

当小孩子和其他小朋友在一起时，爸爸妈妈要经常叫孩子的名字，让孩子区分爸爸妈妈是不是在叫自己，分辨究竟哪个名字是自己的。刚出生不到一年的孩子虽然不知道名字的真正意义，但他已经能够感受来自爸爸妈妈的呼唤，分辨自己的名字，能够把自己与爸爸妈妈呼唤出的声音联系在一起。

感受性别不同

1 岁的小孩子当然不能理解什么是性别，但在日常生活中，他可以通过一些事件感受到爸爸和妈妈不一样；自己和某些小伙伴是一样的，和某些小伙伴又是不一样的。

平时，孩子和其他小伙伴在一起的时候，父母可以潜移默化地向孩子渗透一些性别概念。比如，妈妈可以说："宝宝是男孩子，男孩子要勇敢!""妹妹是女孩，妹妹穿裙子、扎小辫!"通过家长的不断强化，孩子慢慢就会清晰地分辨出男孩和女孩的不同。

和小伙伴游戏

孩子要获得良好的自我意识、可以通过与小朋友做游戏的方法。当孩子对自己有了一定的认识，能够区分自己和其他物体时，父母可以带孩子出去和其他小朋友一起玩。让孩子看到和自己不一样的小朋友，小朋友穿的衣服、玩的玩具都和自己的不一样，这个过程让孩子了解了他人，也进一步认识了自己。

1～2 岁内省智能开发训练

醒来吧！鼻子

叫孩子起床时可以用一种这样的方法：一部分一部分地“叫醒”孩子的身体。先摸到孩子的鼻子，说：“醒来吧！鼻子！”然后移向耳朵、胳膊、膝盖等等。这个游戏可以培养孩子的自我意识，熟悉身体部位的名称。

看镜子

人的视线范围是有限的，某些东西是无法看到的，比如我们无法看到我们自己的后脑和后背，这时我们就使用镜子。让孩子照镜子，能够让孩子认识到自己身体的其他部分。所以，父母可以在孩子的房间里装一面镜子。镜子的高度最好在孩子的身高范围内，这样孩子在活动时可以看到自己的身影，加深孩子对自己的认识。

人体彩绘颜料

涂颜料不再只是用手指了！可以让孩子用脚、胳膊蘸颜料制作一张记录孩子成长过程的手印或脚印的图表，为孩子提供一种独特的触觉体验和成长的记录。注意要选用安全无毒的颜料。

我的地方

孩子自己也喜欢属于他自己的安全的地方，在家里辟出一角，放上枕头、孩子喜欢的玩具和书等，使之成为孩子的“避风港”。让他在特定的时刻或安静的时候去那里。

这个游戏可以训练一种安全感和信心，并促进情绪调节。

画一个大大的宝宝

让孩子躺在一张大画纸上，画出他身体的轮廓，然后让他把身体的各部分包括头发、眼睛、鼻子等填画进去。这个游戏培养孩子的自我意识，并教孩子大小和形状的概念。

成长的镜子

把孩子在不同年龄阶段拍的照片贴在穿衣镜上，让孩子站在镜子前，比较一下现在的他与以前的他的差别。这个游戏可以培养孩子的自我意识，增强记忆力。

宝宝在哪儿?

假装看不见孩子，说“宝宝在哪里?”并在整个房间里寻找。孩子会很高兴地说：“我在这儿!”稍过片刻走向孩子，拥抱他，然后说“原来你在这儿啊!”

情绪墙

拍下孩子喜、怒、哀、乐的照片，并把照片贴在他能看到的墙上，不时去看看这些照片，问他哪一张是高兴的脸，哪一张是悲伤的脸，你也可以用这些照片和他交流心情。这个游戏通过表情图片，让孩子识别不同情绪，发展自我意识，并为孩子提供符号意识的训练。

2~3岁内省智能开发训练

照镜子

先出示人脸的图片，让孩子认识人脸的不同部位，然后与他一起站在镜子前，比较爸爸妈妈与他的不同之处。这能使他认识到每个人都是互不相同的，每个人都是独特不可替代的。

描述自己

让孩子用各种方法来描述自己，鼓励他谈论自己喜欢的活动、宠物和食物等；是否喜欢与别的同伴一起玩；当别人不小心弄坏心爱的玩具时，他会怎么样；当老师或父母表扬时，他会感到怎么样等。让孩子了解自己，了解别人，了解自己在家庭中的地位。

听听声音

在孩子说话时，录下他的声音，因此他可以听听自己的声音是怎么样的。你还可以录下他唱歌和说简单句子的声音。这个游戏可以锻炼自我认同感和自我意识。

我的擅长

你可以跟孩子说："让我们做一个游戏吧。我说我擅长做的事，你说你擅长做的事。"然后，你说一些有趣的事，如："我擅长于讲故事，把你逗笑。"开始你可以给孩子一些提示让他复述，最后他会想出自己觉得擅长的事。

听听心跳

如果家里有听诊器，可以让孩子戴上听诊器，听听你和他的心跳，你要告诉孩子听诊器是如何帮助我们听到身体内部正在发生的事的。如果没有，可以制作一个简易的放大声音的玩具。

选择玩具

把玩具、书本、食物等物品放在一起，每类大约 3 件。让孩子看看摆放在一起的物品，问他最喜欢哪个？为什么？不要限制孩子的选择范围，让他完全根据自己的意愿自由选择。然后告诉孩子你要选择什么，并且告诉他为什么你要选择那件东西。这个游戏可以让孩子明白每个人都有自由选择的权利，每个人的想法也是不同的。

第14章

和大自然交朋友
——自然智能开发

让孩子和大自然亲密接触

带孩子去野外郊游

培养孩子的环保意识

0～1岁自然智能开发训练

1～2岁自然智能开发训练

2～3岁自然智能开发训练

对于人类而言，大自然是上天赐予的最好礼物！走进大森林，可以体验到树木苍翠、飞禽走兽的勃勃生机；走进溪流河川，可以感受到鱼翔浅底、水流湍急的乐趣；走进大山，可以领略到高山青翠、奇石嶙峋的壮美。走进大自然，享受到的是清新、是流畅、是平静、和谐与安详。热爱自然，是孩子的天性，请放飞孩子的翅膀，让他飞向自然的怀抱！

让孩子和大自然亲密接触

有的父母很忙，一天到晚不是在单位忙工作，就是在家里忙家务，偶尔闲下来时，就想看着孩子学学算术、读读儿歌，总是想不起来带孩子到户外走走看看。

还有的父母虽然也想带孩子出去呼吸一下新鲜的空气，但不是怕外面车辆行人碰到孩子，就是怕小猫小狗抓到孩子；不是怕外面有流感病菌，就是怕孩子在外面着凉或受热……总之，他们觉得外面是充满危险的。

其实，外面并没有那么可怕，虽然这些事情都有可能发生，但孩子更需要走到户外去进行各方面的发展和锻炼，不经历风雨哪能见彩虹呢？

大自然是个天然的游乐园，是孩子的好朋友，更是一个无穷无尽的知识宝库，是孩子最好的老师。家长平时一有空就应该带孩子出去散散步，让孩子看看今天天气如何，公园里的花草树木是不是又长高了一点，邻居家的小狗真可爱。到了节假日，你们可以全家一起去动物园、水族馆，看看多姿多彩的“动物世界”；或者去野营，到郊外去体验一下原生态的自然环境。

在公园里孩子们会十分惊奇地观察绿树、青草、红花；在动物园里，那些猴子、熊猫、大象令孩子目不暇接，兴致勃勃……孩子在外面得到的乐趣和对大脑的刺激是待在家里永远无法相比的。多让孩子接触自然，可以使孩子学到知识，开阔视野，发展美感，更能激发热爱家乡、热爱祖国的情怀。

另外，在家里为孩子创造一些自然的气息也是个好办法。我们可以在家里养一些小动物，比如美丽缤纷的热带鱼、慢吞吞的小乌龟，或是可爱的小猫、聪明的小狗，这些小动物会让孩子有回归自然的感觉。当然，在家里同时养一些绿色植物更好，不但增添了自然的感觉，还净化了室内的空气。让孩子和你一起照顾花草和小动物，让你们的家真正成为自然的一部分。

要想最大限度地培养孩子的自然能力，最好这两个办法相结合，既要创造一个充满自然气息的家，又要让孩子多多接触真正的大自然。

带孩子去野外郊游

春天到了，树木长出了绿叶，枝头发出了嫩芽，草地上长出了青草，各种花儿争奇斗艳，在灿烂的阳光下显得美不胜收。这时候父母如果带孩子外出郊游踏青，可以让孩子在愉悦中学到很多自然知识，而且还培养了观察能力和探索精神，使孩子更加热爱大自然，智力和能力获得更大的发展。

不过野外郊游也有许多需要注意的事项，如果你准备工作做得不好，就可能让孩子对郊游甚至对接触大自然产生厌倦的情绪。所以，郊游要注意以下几点：

选定地点

选择郊游的地点很重要。尽量不要去路途太远的地方，否则孩子在路上就已经很疲惫，可能还没到目的地，就吵着要回家，这样就很有可能导致中途返回。另外还要选择孩子喜欢的地方，如果孩子不喜欢，到了地方也打不起精神来玩，没有尽兴地玩乐，就很难达到发展各种能力的目的。所以，应该尊重孩子的意见，在和他商量后确定一个大家都满意的、自然景色比较优美的地方。

准备物品

首先是食物，带上足够的干粮、水果和饮料，可不要把孩子饿坏了。如果你们打算钓鱼，记着带上孩子用的小钓竿、小网和小桶，让孩子也能参与进来。还可以准备一些别的体育用品，比如羽毛球、小足球，孩子才可以变换着游戏玩。野外的蚊虫较多，一定给孩子穿上长袖衣服，并带上驱蚊用品。

保持充足的体力

郊游的前一天晚上不要让孩子睡得太迟。保证足够的睡眠，孩子才会精力充沛。

用问题启发孩子

提问是启发孩子观察、思考的好办法。比如你可以问孩子："春天来了，树木是不是跟以前有些不一样啦?""太阳照在身上是不是比以前暖和多了?"等等，这样的提问能让孩子发现自然的变化，感受到自然的美。

鼓励孩子和别人交往

郊游时会遇到各种各样的人，教孩子对他们说"您好"和"再见"，培养孩子的礼貌习惯，也让孩子面对陌生人不再羞怯。

和孩子一起做郊游总结

郊游后回到家里，你应该和孩子说说话，让孩子把他的所见所闻和感受讲给你听。这样既可以巩固孩子学到的自然知识，又可以发展孩子的口语表达能力，还可以让孩子用做美工的方式表现他对自然的感受，例如画出春天的景色，用泥捏出树木，用纸折出花草……这都有助于孩子发展智能并热爱自然。

培养孩子的环保意识

环境是人类生存的基本条件，是人类赖以生存的基础，但现在，环境恶化问题已成为人类发展的最大障碍，成了一个阻碍人类文明进程的可怕幽灵。

水资源的严重枯竭、土壤沙漠化程度的加深、沙尘暴的频繁肆虐、向大气中过度排放有害气体而引起的温室效应、臭氧层空洞的扩大、旱涝灾害的日益加剧、生物物种的迅速减少……

这些如影随形的恶魔已严重威胁着全人类的生存，我们惟一的家园——地球将要毁灭在我们自己手里！这也就怪不得中国地质学会公布的一份材料中称地球是“不幸的地球”！

而同时令人担忧的是，很多人的生态环境保护意识相当淡薄：一次性筷子和饭盒仍大行其道，铺天盖地的白色污染有增无减，水电资源的浪费触目惊心，更不用说滚滚的黑烟遮蔽了蓝天，含有多种有害物质的工业废水污染了有限的可饮用水源……

事实上，大多数人的确还没有意识到生态环境保护的紧迫性和重要性，面对已经相当脆弱的生态环境的频频告急，他们选择了熟视无睹！

人类已经到了对自己的行为必须加以重新认识和修正的时候了，保护地球，别无选择！环保教育，迫在眉睫！

在世界各国的环保教育中，德国的做法值得借鉴。

德国是世界上自然环境最清新的国家之一，也是环保教育最完善的国家之一。

在德国人看来，儿童时代接触大自然的经历，对于提高公众的环境意识至关重要，只有那些曾亲自去发现大自然的奥秘并热爱大自然的人，才能保护身边的环境。

因此，德国人往往会在孩子降生不久，就开始带他们到户外去活动，帮助他们从自己身边的生活环境中去发现、感受和体验万物的存在和变化。

德国人多喜爱养花种树，每当他们自己做园艺的时候，总是会把孩子带在身边，让他与自然充分接触。孩子通常会因为好奇而帮着浇浇水，或是干脆自己开辟一块营养土，种上绿茵茵的小草，然后小心翼翼地呵护它。

孩子上了幼儿园，成了学生后，帮他们认识大自然，培养他们的环保意识，就成了老师们必不可少的“功课”。德国有关幼儿教育的法规规定，幼儿园要把教导儿童维护周围环境的卫生作为一项重要内容。

德国有370多个幕天席地的“森林幼儿园”，即在森林中搭建简易住房，让学生们生活在大自然中，从小认识大自然的奇迹，同时了解到自己有保护大自然的责任。

在海德堡郊区，就有这样一所森林幼儿园，学生们和老师每天一起在完全露天的环境中学习、玩耍，所见、所闻都是大自然的馈赠。

德国一年级的新生刚到学校注册报到，就会领到一个本子，这不是供写字或做作业的练习本，也不是一般的日记本，更不是一本普通的画册，是环保记事本。它是用“再生纸”制成的，原料是废纸和垃圾。

环保记事本的设计很精心别致，封面一片绿翠，上面印有森林、草原和田野，就像在德国高速公路两旁常可以见到的风景一样；扉页之后的每一页的左上角，都印有精美的风光照片：在阳光下闪着白光的庄严雪山、干净得发亮的河流、静谧神秘的月夜、撒腿飞奔的鹿群……

这些图片告诉孩子：热爱大自然，热爱我们生活的优美环境，也热爱我们身边或大或小、或强或弱的生灵。

在德国学生的自然常识课程里，对学生进行自然和环境保护的内容很具体、直接。很多老师在上动物常识课《家乡冬季的鸟》时，经常会带学生们去附近的森林里，了解鸟类在冬季的生活特点、鸟类在冬季寻找食物的困难等等，并要求学生带上一些坚果、面包等食物喂鸟。

那些热爱大自然的老师不仅将保护环境、善待自然的理念贯穿在所有课程中，而且还经常带学生到户外活动。在自然的怀抱中，学生们学着种树、种花甚至种庄稼，以体会食物的来之不易和大自然的恩赐。

学校还组织学生开展环保知识竞赛、太阳能玩具制作大赛、健康早餐会等活动，诱导学生对大自然产生兴趣和关爱，教会学生健康的生活方式。

德国设立了很多生态中心，旨在让儿童和成人亲身感受大自然。在德国东部勃兰登堡州的希夫海德森林生态保护区，就有专门为孩子们建立的小农场，为孩子们提供的活动有：观察动物、种植和食用有机蔬菜以及学习如何减少浪费等。

在老师的带领下，柏林的孩子们经常会到这里来住上一周，学习生态保护和生态农业知识。在老师有意识地指导下，孩子们置身于生态中心时，会时时刻刻感受到环保的每一个细节。

也许在这样的教育环境中，德国的孩子并不会懂得很多环保技术方面的知识，但在他们幼小的心灵中，却早已播下了热爱大自然的种子。这是一种信念、一种生活的态度，靠的是引导和熏陶，而非机械的灌输！

一位著名的环保志愿者这样说：人有双重理性，当面对自然的时候，他是一个自然人，有自发去保护自然、保护环境的道德感，但当他成为一个社会人，其理性则极为有限，个人私欲将主宰一切。而当私欲膨胀，伤害到大自然无法承载的地步时再来约束个人的私欲，则为时已晚。

正因为如此，父母更有责任从小就培养孩子的环保意识，让他们在日常生活中学会环保，养成环境保护的行为和习惯。而这也是家庭教育的重要组成部分，是家长责无旁贷的神圣使命！

0～1 岁自然智能开发训练

风、雨和雪

遇到坏天气，带着孩子到室外去感受一下！让风吹拂你的头发，用你的舌头感受雨点，让雪花飞落到你的手指上。这时要教孩子相关的单词，并告诉他周围发生了什么。这样可以扩大孩子的词汇量，提供一种独特的触觉经验，并且让孩子初步认识大自然。

树叶

如果你住在一个四季分明的地方，那么在你家附近找一棵树，拍下四季里树变化的情况。在冬天时，拿出夏天的照片做比较；在春天时，拿出秋天的照片做比较，让孩子看看树在一年四季中的变化。

认识天空

抱宝宝到外面或是阳台上看天空，教孩子认识蓝天、白云、天上飞的小鸟。

1～2 岁自然智能开发训练

观察蚂蚁

找到一个蚂蚁洞，在门口放一点食物，把蚂蚁逗引出来。让孩子蹲在地上，观察蚂蚁从哪里爬出来，又爬回哪里去，蚂蚁洞什么样子等。给孩子讲讲蚂蚁的习性，告诉孩子不可以伤害蚂蚁。

给花浇水

对孩子说："天气真热，小花小草一定口渴想喝水了，我们给它们下点雨吧！"然后拿起喷壶，给花草浇水。让孩子照样做，告诉孩子花草没有水就会枯萎，应该经常给它们浇水。

喂鸟

在孩子的窗台上放一个喂食器。你可以把花生酱抹在松球上，再把它在芝麻中滚一下，便做成了一个很好的喂食器。为孩子提供感受大自然和接触野生动物的个人经验。

拾贝壳

如果你们住在海边，可以和孩子一起去找贝壳。把贝壳洗干净并根据大小、颜色和质地分类，或是粘贴出一幅奇妙的贝壳画。

冰冻的泡泡

如果你住在气候寒冷的地方，那么找一天去户外吹气泡，气泡很快就会冻住，在观察的同时，和孩子一起讨论气泡中看到的彩虹以及冰冻的气泡和非冰冻的气泡间的差别。如果没有气泡，也可以往冷空气中呼热气制造一层薄雾，让孩子对寒冷的冬季也能产生好感。

2~3岁自然智能开发训练

虚拟野营

准备野营所需物品，如：帽子、水壶、叉子、夹克、毯子和手电，并向孩子解释如何使用这些物品。将物品放入背包，在后院或起居室搭起帐篷，开始进行一次虚拟野营。这样不仅培养孩子热爱大自然的感情，还激发孩子的想象力，培养孩子解决问题的能力，而且还能为真正的野营做一次“彩排”。

木棍和石块

和孩子出去散步时，寻找长短不同、形状各异的木棍和石块，将其带回家，让孩子说说它们像什么。蛇？乌龟？小精灵？将木棍粘在纸板上，粘贴出一个茂密的森林，然后用石头组合成一些小动物、小精灵的模样，也粘在上面。用天然的材料塑造一个纸上的大自然，激发孩子热爱自然的兴趣，并培养孩子丰富的想象力。

在森林中寻找快乐

如果你住在山村里，那么不妨用一些自然的东西给孩子做玩具。比如用细枝和树叶做一个带草帽的小娃娃；用大小不同的松果做保龄球；用树枝编织一个花环，插上美丽的野花……这些都可以让孩子更开心，更热爱大自然。

保护大自然

如果你家屋檐下有燕子筑巢，可以带孩子观看燕子如何筑巢、大燕子如何喂养小燕子，同时教给孩子保护小动物就是保护大自然，也就等于保护人类自己的一些道理。